COLLECTION FOLIO

Léon Tolstoï

Le cheval

suivi de

Albert

Traduit du russe
par Boris de Schlœzer
et Michel Aucouturier

Gallimard

Le cheval, traduit par Boris de Schlœzer, et *Albert*, traduit par Michel Aucouturier, sont extraits du recueil *La Tempête de neige et autres récits* (Folio Classique n° 4747). Les notes de bas de page du *Cheval* ont été rédigées par Nicolas Weisbein, celles d'*Albert* par Michel Aucouturier.

Titres originaux :

Холстомер

Альберт

Léon Tolstoï naît dans une famille aristocratique à Iasnaïa Poliana, gouvernement de Toula, en août 1828. Très jeune, il perd ses parents à quelques années d'intervalle et est élevé par ses tantes. À l'université, il s'inscrit en lettres, puis en droit, mais n'achève pas ses études et mène une vie oisive pendant plusieurs années. Il s'engage finalement dans l'armée et part pour le Caucase où il partage la vie des officiers d'artillerie et commence à écrire une autobiographie romancée. *Enfance* paraît en 1852, suivi d'*Adolescence* en 1854 et de *Jeunesse* trois ans plus tard. Muté dans l'armée du Danube, il est promu et envoyé, à sa demande, en Crimée, où il assiste au siège de Sébastopol. *Les Récits de Sébastopol* paraissent en 1855 dans la revue *Le Contemporain* et font sensation. Pour la première fois en Russie, la guerre est représentée dans toute son absurdité et sa cruauté. Il quitte l'armée, s'installe à Iasnaïa Poliana et épouse Sofia Andréïevna Bers, fille d'un médecin moscovite, avec qui il aura treize enfants. Il voyage à travers toute l'Europe et, à son retour, fonde une école sur son domaine pour instruire lui-même les enfants de ses paysans. Il est mis sous surveillance policière car ses activités paraissent dangereuses. Il travaille sur le manuscrit de *La Guerre et la Paix*, épopée des guerres napoléoniennes vues du côté russe. Le roman paraît en volumes en 1869. Tolstoï commence ensuite *Anna Karénine*, vaste fresque de la noblesse de son temps, dans laquelle il aborde le thème de l'adultère. Vers 1880, il traverse une violente crise morale et religieuse, s'élève contre l'iniquité des structures sociales et cherche à remédier à la pauvreté de la paysannerie. Soucieux de l'éducation de leurs enfants, les Tolstoï s'installent à Moscou où l'écrivain découvre la misère des grandes villes. Il publie un traité religieux et moral, *Le Royaume de Dieu est en nous*, puis un roman en 1899, *Résurrection*, violente critique de la société et de ses institutions, en particulier de l'Église et de la justice. En 1901, il est excommunié par le Saint-Synode. Son influence va grandissant, en Russie comme à l'étranger. Lors de la révolution d'Octobre en 1905, il préconise le partage des terres entre les paysans, mais ne veut pas que leur soient accordées des libertés politiques « pervertissantes ». Le 28 octobre 1910, il quitte Iasnaïa Poliana pour une destination inconnue, mais tombe gravement malade pendant son voyage et meurt chez le chef de gare d'une petite ville de province à l'âge de quatre-vingt-deux ans.

Écrivain original et perfectionniste, Léon Tolstoï a bouleversé le roman russe par sa réflexion sur la nature humaine et la société.

Découvrez, lisez ou relisez les livres de Léon Tolstoï en Folio :

ANNA KARÉNINE (Folio Classique n° 2660)

LES COSAQUES (Folio Classique n° 850)

LE DIABLE (Folio Bilingue n° 123)

ENFANCE-ADOLESCENCE-JEUNESSE (Folio Classique n° 678)

LA GUERRE ET LA PAIX (Folio Classique n°s 287 et 288)

HADJI MOURAT (Folio Classique n° 4038)

LA MORT D'IVAN ILITCH, *précédé de* TROIS MORTS *et suivi de* MAÎTRE ET SERVITEUR (Folio Classique n° 3011)

LA MORT D'IVAN ILITCH (Folio Bilingue n° 89)

RÉSURRECTION (Folio Classique n° 2619)

LE RÉVEILLON DU JEUNE TSAR (Folio 2 € n° 4199)

LA SONATE À KREUTZER, *précédé du* BONHEUR CONJUGAL *et suivi du* DIABLE (Folio Classique n° 622)

LA SONATE À KREUTZER (Folio Bilingue n° 40)

LA TEMPÊTE DE NEIGE ET AUTRES RÉCITS (Folio Classique n° 4747)

LE DIABLE (Folio 2 € n° 5170)

Le cheval

I

Le ciel s'élevait de plus en plus haut, tandis que l'aurore s'étendait ; l'argent mat de la rosée blanchissait, le croissant de lune devenait pâle et sans vie, la forêt se faisait plus sonore... Les hommes commençaient à s'éveiller et, dans l'enclos des chevaux, on entendait des reniflements, le bruit de la paille froissée et même les hennissements aigus, impatients, des bêtes excitées.

— Ho ! Patience ! Tu as faim ! dit le vieux gardien du troupeau en ouvrant précipitamment la porte grinçante. Où vas-tu donc ? cria-t-il en menaçant une jument qui s'était glissée vers la sortie.

Le gardien Nester était vêtu d'un casaquin serré à la taille par une courroie garnie de métal. Il avait jeté son fouet sur son épaule et attaché à sa ceinture un petit sac contenant du pain ; il tenait des deux mains une selle et un bridon.

Nullement effrayés ou même offensés par le ton de leur gardien, les chevaux prirent un air indifférent et s'éloignèrent sans hâte de la porte ; seule une vieille jument baie à la crinière hirsute coucha une oreille et tourna brusquement le dos à Nester, tandis qu'une pouliche, qui se tenait derrière et que tout cela ne concernait en aucune façon, jugeait bon de pousser un cri aigu et d'envoyer une ruade à son voisin.

— Ho ! cria le gardien encore plus fort, d'une voix encore plus menaçante, et il se dirigea vers un coin de la cour.

De tous les chevaux qui se trouvaient là réunis — ils étaient une centaine environ — celui qui montrait le moins d'impatience était un hongre pie qui seul sous un auvent, les yeux mi-clos, était en train de lécher la porte de chêne de la grange. On n'aurait pu dire quel genre de plaisir trouvait à cette occupation le hongre pie, mais il avait en s'y livrant une expression grave et rêveuse.

— Veux-tu ! fit du même ton le gardien en s'adressant au hongre et il déposa sur un tas de fumier la selle et la couverture graisseuse.

Le cheval cessa de lécher le bois et, immobile, regarda longuement Nester. Il ne rit pas, ne se fâcha pas, mais ayant gonflé son ventre il poussa un profond soupir et se détourna. Le gardien passa le bras par-dessus le cou de la bête et lui mit le bridon.

— Qu'as-tu à soupirer ? demanda Nester.

Le hongre agita la queue comme s'il voulait dire : « Rien. Comme ça, Nester. » Nester étendit sur son dos la couverture et se mit en devoir d'attacher la selle, tandis que le hongre couchait les oreilles, pour manifester son mécontentement sans doute ; mais il ne réussit qu'à se faire traiter de « saleté ! ». Puis Nester serra les sangles ;

le hongre aussitôt enfla le ventre ; mais on lui introduisit un doigt dans la bouche tandis qu'un coup de genou dans le ventre l'obligeait à expirer l'air. Malgré cela, quand on lui attacha le surfaix, le hongre coucha de nouveau les oreilles et jeta même un coup d'œil en arrière. Bien qu'il sût que tout cela ne servait à rien, il considérait néanmoins indispensable d'exprimer combien ces choses lui étaient désagréables. Lorsqu'il fut sellé, il recula sa patte droite ankylosée et se mit à mâcher le mors : en cela il obéissait aussi à quelque considération particulière, puisqu'il devait bien savoir qu'un mors ne peut avoir aucun goût.

Nester posa le pied dans l'étrier et sauta sur le hongre. Il déploya son fouet, dégagea son casaquin de sous ses genoux et s'assit de cette façon particulière qui est propre aux cochers, aux chasseurs, aux gardiens de troupeaux, puis il tira sur la bride. Le hongre leva la tête, indiquant par là qu'il était prêt à aller où l'on voudrait ; cependant il ne bougea pas : il savait bien qu'avant de partir il y aurait encore beaucoup de cris, d'ordres à donner à l'autre gardien, Vaska, et aux autres chevaux. Et, en effet, Nester se mit à crier :

— Vaska ! Vaska ! As-tu laissé sortir les juments pleines ? Où es-tu, brigand ?... Dors-tu ? Ouvre donc ! Fais partir les juments en avant !... etc.

La porte grinça. Renfrogné et ensommeillé, tenant son cheval par la bride, Vaska se plaça près de la sortie et fit passer les chevaux. Ceux-ci s'avançaient un à un, marchant avec précaution sur la paille qu'ils flairaient en passant ; les jeunes d'abord, poulains et pouliches, puis les lourdes juments pleines qui engageaient prudemment dans la porte leur ventre énorme. Les pouliches parfois se bousculaient, se présentant à deux ou à trois de front, elles posaient leur tête sur le dos de leur voisine et dansaient sur place, ce qui leur valait les injures des gardiens ; les poulains se jetaient dans les jambes des juments et poussaient des hennissements sonores en réponse aux appels de leur mère.

Dès qu'elle fut dehors, une pouliche espiègle baissa la tête et projetant sa croupe en l'air poussa un cri aigu. Elle n'osa cependant pas devancer la vieille jument grise *Jouldyba*, qui d'un pas lent et balançant son ventre marchait posément comme d'habitude en tête de tout le troupeau.

En quelques instants, la cour si animée se trouva morne et déserte, les poteaux se dressaient tristement sous l'auvent vide et l'on ne voyait plus qu'une couche de paille piétinée et salie. Bien qu'il eût de ce tableau d'abandon une longue habitude, le hongre pie en fut sans doute affecté. Il abaissa lentement la tête, puis la redressa comme s'il saluait. Ayant poussé ensuite un soupir aussi profond que le lui permettaient les sangles qui le serraient, il suivit le troupeau clopin-clopant, portant Nester sur son dos osseux.

« Je le sais maintenant, songeait le hongre : quand nous serons sur la route, il se mettra à battre son briquet et il allumera sa petite pipe garnie de cuivre et munie d'une chaînette. J'en suis heureux, car j'aime cette odeur tôt le matin dans la rosée et elle me rappelle beaucoup de choses agréables. Dommage seulement que lorsque le vieux a sa pipe entre les dents il fait le fier, s'imagine je ne sais quoi et s'assied de côté, tout à fait de côté. Et moi j'ai mal à cet endroit. Mais tant pis après tout ! Ce n'est pas la première fois que je souffre pour le plaisir d'autrui, je commence même à y trouver une certaine satisfaction chevaline. Qu'il fanfaronne donc, le pauvret ! Cela ne lui est loisible que lorsqu'il est seul, tant que personne ne le voit. Qu'il s'installe de côté à son aise ! » Et tout en raisonnant ainsi, le hongre continuait de marcher au milieu de la route, posant avec précaution ses pattes torses.

II

Ayant conduit les chevaux près de la rivière où ils devaient paître, Nester mit pied à terre et dessella sa monture. Le troupeau se dispersa lentement à travers la prairie humide de rosée, audessus de laquelle flottait un léger brouillard qui s'élevait des champs et de la rivière.

Ayant enlevé le bridon, Nester gratta le hongre sous le cou et l'animal manifesta son contentement et sa reconnaissance en fermant les yeux.

— Il aime ça, le vieux chien ! fit Nester.

Pourtant le hongre n'aimait nullement ce genre de caresse, mais, poli, il faisait semblant d'être très satisfait. Il agita même la tête en signe d'acquiescement. Mais soudain, d'une façon tout à fait inattendue et sans aucune raison, Nester repoussa la tête de l'animal, brandit le bridon et frappa le hongre ;

la boucle atteignit la jambe malade de la bête ; sans doute Nester pensait-il qu'une trop grande familiarité risquait de donner au hongre une fausse idée de son importance. Ensuite, sans mot dire, Nester alla s'asseoir sur un tertre contre une souche près de laquelle il s'installait d'ordinaire.

Bien que le coup eût peiné le hongre, il n'en fit rien voir et se dirigea vers la rivière en agitant lentement sa maigre queue et en arrachant pour se distraire quelques brins d'herbe.

Il ne prêtait pas la moindre attention aux ébats des poulains que le matin rendait joyeux ; sachant que ce qu'il y avait de mieux pour la santé, surtout à son âge, c'était de boire à jeun pour ne manger qu'ensuite, il choisit un endroit où la rive descendait en pente douce. Il plongea dans l'eau ses sabots et son museau et se mit à aspirer le liquide à travers ses lèvres déchirées en gonflant ses flancs et en agitant la queue.

La pouliche espiègle qui taquinait toujours le vieillard et lui causait un tas de désagréments, s'approcha de lui comme pour boire elle aussi, mais en réalité uniquement pour troubler l'eau. Cependant le hongre pie avait déjà fini de boire ; faisant mine de ne pas comprendre les intentions de la pouliche baie, il retira tranquillement l'un après l'autre ses sabots enlisés, secoua la tête et s'étant éloigné de la jeunesse se mit à manger.

Veillant bien à ne pas piétiner inutilement l'herbe, il mangea sans se redresser pendant trois heures exactement. Alors, son ventre pendant comme un sac sur ses côtes maigres et abruptes, il se cala sur ses quatre pattes douloureuses de façon à avoir le moins mal possible, surtout à son pied antérieur droit, qui était le plus faible, et il s'endormit.

Il existe une vieillesse majestueuse, il en existe de laides ou de pitoyables. Mais la vieillesse peut être à la fois laide et majestueuse ; celle du hongre pie appartenait précisément à cette dernière catégorie.

Le hongre était de grande taille : il ne mesurait pas moins de deux archines et trois verchoks[1]. Son pelage était noir-pie ou plutôt avait été tel, car à présent les taches noires étaient devenues d'un brun sale. Ces taches étaient au nombre de trois. La première, sur la tête, descendait jusqu'à mi-cou. La longue crinière entremêlée de brindilles était blanche par places et par places brunâtre. Une autre tache s'étendait le long du flanc droit jusqu'à la moitié du ventre. La troisième, sur la croupe, englobait le haut de la queue et des cuisses ; le reste de la queue était blanc et tacheté.

Sa grande tête osseuse aux orbites profondes, à la lèvre noire et distendue, depuis longtemps déchirée, pendait lourdement au bout de son long cou maigre que l'on eût dit en bois. La lèvre distendue laissait entrevoir une langue noirâtre entre les restes jaunes et rongés des dents inférieures. Les oreilles, dont l'une était fendue, tombaient de côté et ne remuaient paresseusement de temps à autre que pour chasser les mouches qui s'y collaient. Une touffe encore longue de crins pendait derrière l'une des oreilles. Le front dégarni était

1. Le *verchok*, seizième partie de l'*archine*, représente 4,4 cm.

raviné et rugueux. Sur le cou et la tête, de grosses veines formaient des nœuds qui frémissaient à chaque frôlement de mouche. L'expression de la face était grave, méditative et douloureuse.

Les pattes de devant étaient arquées et des excroissances surmontaient les sabots ; celle de ces pattes qui était à moitié couverte par une des taches autrefois noire portait au genou une bosse de la grosseur du poing. Les pattes de derrière paraissaient en meilleur état, mais elles étaient pelées aux cuisses déjà depuis longtemps, semblait-il, et le poil ne repoussait plus. Les quatre pattes paraissaient démesurément longues à cause sans doute de la maigreur du corps. Bien que les côtes fussent abruptes, la peau les épousait si étroitement qu'elle semblait collée aux interstices qui les séparaient. Le dos et le garrot du hongre portaient de nombreuses marques d'anciens coups, dont l'une suppurait encore ; le noir tronçon de queue où se marquait chaque vertèbre pointait presque complètement dégarni. Sur la croupe brune, près de la queue, se voyait une plaie grande comme la main, couverte de poils blancs et qui ressemblait à une morsure. Une autre cicatrice marquait l'omoplate droite. Les jarrets des pattes de derrière ainsi que la queue étaient malpropres à cause des fréquents dérangements d'estomac de l'animal. Le poil sur tout le corps était hérissé, bien que court. Et cependant, en dépit de la répugnante vieillesse du hongre, un connaisseur en le voyant n'eût certainement pas hésité à reconnaître qu'il avait été autrefois un cheval remarquable. Le connaisseur eût même ajouté qu'une seule race de chevaux en Russie pouvait donner une aussi large charpente, d'aussi énormes épaules, de tels sabots, des pattes d'une aussi fine ossature, un cou si bien planté, une telle tête surtout, un œil noir et limpide, et ces nœuds de veines, signe infaillible de race, au cou et à la tête, et cette finesse de la peau et du poil.

Il y avait effectivement quelque chose de majestueux dans l'aspect du hongre pie, dans cette combinaison étrange des signes repoussants de la décrépitude que soulignait le pelage tacheté, avec l'attitude calme et assurée d'un animal conscient de sa force et de sa beauté.

Pareil à une ruine vivante, il se tenait à l'écart dans la prairie couverte de rosée, tandis que non loin de lui on entendait les piétinements, les reniflements, les hennissements stridents du troupeau dispersé.

III

Le soleil avait déjà dépassé le faîte de la forêt et brillait de tout son éclat sur l'herbe et sur la rivière. La rosée séchait et se condensait en gouttelettes, les dernières vapeurs du matin se dissipaient comme une fumée. Les nuages commençaient à moutonner, mais le vent ne se levait pas encore. Au-delà de la rivière, les seigles verts se dressaient en brosse et l'air était imprégné de l'odeur des herbes fraîches et des fleurs. De la forêt parvenait la voix quelque peu enrouée d'un coucou et Nester étalé sur le dos comptait combien d'années il lui restait encore à vivre. Des alouettes s'élevaient des champs de blé et des prairies. Un lièvre attardé, surpris par le troupeau, s'échappa, s'assit près d'un buisson et se mit à écouter. Vaska s'était assoupi la tête dans l'herbe ; le contournant, les pouliches s'égaillaient vers la rivière ; reniflant légèrement et marquant la rosée de traces claires, les vieux chevaux choisissaient les endroits où nul ne pouvait les gêner. La plupart d'ailleurs avaient cessé de manger et se contentaient de déguster parfois quelque brin d'herbe particulièrement succulent. Tout le troupeau avançait peu à peu dans la même direction.

La vieille *Jouldyba*, précédant toujours les autres d'un pas mesuré, indiquait que l'on pouvait aller plus loin encore. *Mouche*, la jeune cavale noire qui venait de mettre bas pour la première fois, ne cessait de hennir en levant la queue et de souffler sur son petit poulain gris-mauve. La jeune *Satinée* au pelage lisse et brillant baissait la tête, de sorte que sa frange soyeuse lui couvrait le front et les yeux, et jouait avec l'herbe : elle arrachait une touffe, la jetait, frappait le sol de son sabot humide de rosée. L'un des poulains avait imaginé un nouveau jeu : sa petite queue frisée en panache, il galopait sans arrêt autour de sa mère ; celle-ci, déjà habituée probablement au caractère de son fils, broutait tranquillement et se contentait de temps à autre de le considérer obliquement de son grand œil noir.

Un petit poulain à la mamelle, noir, avec une grosse tête sur laquelle sa frange se hérissait d'étonnement entre ses oreilles dressées et dont la queue gardait encore la position qu'elle avait eue dans le ventre de la mère, regardait attentivement son camarade qui ne cessait de galoper ; et l'on ne pouvait savoir s'il enviait ou admirait cette façon d'agir. Certains tétaient en poussant leur mère avec leur nez ; d'autres, sans que l'on sût pourquoi et malgré les appels désespérés de leur mère, se mettaient à courir d'un petit trot maladroit dans la direction exactement opposée, comme s'ils cherchaient quelque chose, puis s'arrêtaient brusquement sans raison aucune et lançaient des hennissements aigus. D'autres encore restaient couchés sur le côté ; il y en avait qui apprenaient à brouter, il y en avait qui se grattaient l'oreille avec leur patte de derrière. Deux juments pleines se tenaient à part ; avançant avec lenteur elles continuaient de manger ; on voyait que les autres respectaient leur état et aucun des jeunes n'osait s'aventurer dans leurs parages et les gêner. Et si quelque espiègle s'approchait d'elles, il leur suffisait d'un mouvement des oreilles ou de la queue pour lui faire comprendre toute l'inconvenance de sa conduite.

Les poulains à la crinière taillée et les pouliches d'un an copiaient déjà les allures des grands chevaux pondérés ; on les voyait rarement sauter et se joindre aux bandes joyeuses. Ils broutaient posément en courbant leur mince cou tendu et agitaient leurs petits balais comme si c'étaient de vraies queues. Tout comme les adultes ils se couchaient, se roulaient par terre ou se grattaient mutuellement.

Les bandes les plus gaies étaient composées des juments de deux et de trois ans qui n'avaient pas encore porté. Elles se tenaient ensemble, formant bande à part à la façon des jeunes filles, et ce n'était parmi elles que piétinements, hennissements, reniflements. Elles se réunissaient, posaient leur tête sur l'épaule l'une de l'autre, se flairaient mutuellement, puis soudain elles bondissaient et parfois l'une d'elles dressant la queue passait au petit trot devant ses compagnes, fière et coquette. Parmi toute cette jeunesse, la plus belle et la plus fantasque était la pouliche baie. Entreprenait-elle quelque chose, les autres l'imitaient aussitôt ; où elle allait, toute la bande la suivait. Ce matin-là, l'espiègle était particulièrement folâtre ; elle se sentait de bonne humeur comme il arrive aux hommes, sans savoir pourquoi. Après avoir essayé de taquiner le vieux hongre à l'abreuvoir, elle s'était mise à courir le long de l'eau, faisant semblant d'avoir peur ; puis ayant soufflé bruyamment, elle était partie au triple galop à travers les prairies, de sorte que Vaska avait dû courir pour la rattraper ainsi que ses compagnes qui s'étaient précipitées sur ses traces. Ayant un peu mangé, elle s'était roulée ensuite dans l'herbe, puis avait agacé les vieilles en se plaçant devant elles. Après quoi, elle s'était amusée à poursuivre un petit poulain, faisant mine de vouloir le mordre. La mère ayant pris peur s'était arrêtée de brouter, le poulain poussait des cris de détresse, mais l'espiègle ne le toucha même pas ; elle se contenta de l'effrayer et de donner un spectacle à ses compagnes qui suivaient avec sympathie ses exploits.

Après cela, la jument entreprit de tourner la tête à un petit cheval gris qui loin derrière la rivière traînait une charrue. Elle s'arrêta, leva fièrement la tête un peu de côté, se secoua et poussa un long et tendre hennissement. Il y avait de la gaieté dans cet appel, mais aussi de la douceur et une certaine tristesse. Il exprimait le désir, une promesse d'amour et la nostalgie de l'amour.

Là-bas, dans les roseaux, le mâle de la caille courant çà et là appelle passionnément sa compagne. Le coucou et la caille chantent l'amour et les fleurs confient leur pollen odorant au vent qui le transporte de l'une à l'autre.

« Moi aussi je suis jeune, belle et forte, disait le hennissement de l'espiègle. Or il ne m'a pas été donné d'éprouver jusqu'ici la douceur de ce sentiment ; non seulement je ne le connais pas, mais aucun amant ne m'a jamais encore regardée. »

Et ce hennissement qui signifiait tant de choses résonna frais et mélancolique à travers les champs et parvint jusqu'au petit cheval gris. Il dressa les oreilles et s'arrêta. Le paysan qui le montait le frappa de sa chaussure de tille ; mais le petit cheval gris, charmé par le son argenté de l'appel lointain, hennit à son tour. Le paysan, fâché, tira la bride et frappa si fort le ventre de l'animal que celui-ci ne put achever son hennissement et reprit sa marche. Mais la douceur et la tristesse envahirent le petit cheval, et longtemps encore ses hennissements entrecoupés et la voix furieuse du paysan parvenaient au troupeau des champs lointains.

Si le petit cheval avait oublié son devoir rien

qu'à l'appel de la jument, que lui serait-il advenu s'il avait pu voir la jolie espiègle quand elle l'appelait les oreilles dressées, les naseaux palpitants, aspirant longuement l'air, frémissant de tout son jeune corps tendu vers un but mystérieux !...

Mais la pouliche ne s'appesantit pas longtemps sur ses impressions. Quand la voix du petit cheval gris se fut tue, elle lança encore un hennissement moqueur, baissa la tête et se mit à creuser la terre de son sabot. Après quoi elle s'en fut réveiller et taquiner le vieux hongre pie. Le hongre était l'éternel souffre-douleur de cette gaie jeunesse. Celle-ci lui faisait plus de mal que les hommes. Lui cependant ne faisait de mal à personne. Les hommes avaient besoin du hongre, mais pourquoi les jeunes chevaux le tourmentaient-ils ?

IV

Il était vieux et ils étaient jeunes ; il était maigre et eux étaient bien en chair ; il était morne et eux toujours gais. Par conséquent, il leur était complètement étranger ; il leur apparaissait tout différent d'eux et ils ne pouvaient en avoir pitié. Les chevaux n'ont de pitié que pour eux-mêmes et parfois, rarement, pour ceux dans la peau desquels ils peuvent se représenter aisément. Était-ce cependant la faute du hongre pie s'il était vieux, efflanqué et laid ?

Il semblerait que non ; mais d'après la logique chevaline il se trouvait fautif et seuls avaient toujours raison ceux qui étaient robustes, jeunes et heureux, ceux qui avaient toute la vie devant eux, ceux dont chaque muscle frémissait d'une tension inutile et dont la queue se dressait verticalement. Peut-être le hongre pie le comprenait-il lui-même et peut-être admettait-il dans ses moments de calme qu'il était réellement coupable d'avoir déjà vécu son existence et qu'il lui fallait payer à présent la rançon de cette existence. Mais étant un cheval tout de même, souvent il ne pouvait réprimer un sentiment de tristesse et d'indignation à la vue de toute cette jeunesse qui le châtiait pour cela même qu'elle serait condamnée à subir à la fin de son existence. La cruauté des jeunes chevaux tenait également à la conscience qu'ils avaient de leur origine aristocratique. Chacun d'eux faisait remonter son ascendance du côté paternel ou maternel jusqu'à la célèbre *Crème* : or le hongre pie était d'origine inconnue, c'était un étranger, payé quatre-vingts roubles en assignats trois ans auparavant à la foire.

La pouliche baie passa comme en se promenant sous le nez du hongre pie et le poussa. Il savait déjà ce que cela signifiait et sans ouvrir les yeux il coucha les oreilles et montra les dents. La pouliche lui tourna le dos et fit mine de vouloir le frapper. Il ouvrit les yeux et s'écarta. Il n'avait plus envie de dormir et se remit à manger. L'espiègle, suivie de ses compagnes, s'approcha de nouveau. Une jument chauve de deux ans, fort sotte, qui toujours imitait la baie, s'approcha également et ainsi que font d'ordinaire les imitateurs, en singeant sa compagne elle exagéra. D'habitude, la pouliche baie s'approchait comme si elle ne songeait qu'à ses propres affaires et passait sous le nez du hongre d'un air désinvolte, sans le regarder, de sorte qu'il ne savait s'il devait ou non se fâcher. Et cela était effectivement très drôle.

Elle fit de même cette fois-ci ; mais la jument chauve, qui la suivait et était particulièrement gaie, heurta le hongre en pleine poitrine. Il montra de nouveau les dents, poussa un cri et, avec une vivacité dont on ne l'eût pas cru capable, mordit la sotte à la cuisse. Alors la jument chauve lança son arrière-train et frappa douloureusement les côtes saillantes du vieillard. Celui-ci émit une sorte de râle et voulut répondre à l'attaque mais y renonça, poussa un profond soupir et s'éloigna. Sans doute tous les jeunes du troupeau ressentirent-ils comme une offense personnelle l'attitude impertinente du hongre à l'égard de la jument chauve, et pendant tout le reste du jour on ne lui permit pas de manger en paix, on ne le laissa pas tranquille un seul instant, tant et si bien que Nester, obligé d'intervenir à maintes reprises pour calmer les chevaux, se demandait ce qu'ils avaient à s'agiter.

Le hongre pie était si profondément offensé qu'il s'approcha lui-même de Nester quand le vieux se prépara à ramener le troupeau, et il ne se sentit calmé et heureux que lorsque le gardien le sella et monta sur son dos.

Dieu sait à quoi songeait le hongre en emportant Nester sur son dos ! Pensait-il avec amertume à l'inlassable cruauté de la jeunesse ou bien pardonnait-il à ses offenseurs avec l'orgueil méprisant et silencieux propre aux vieillards ? Quoi qu'il en fût, il ne laissa rien voir de ses réflexions jusqu'à la maison.

Ce soir-là, des amis étaient venus rendre visite à Nester. En passant avec le troupeau par le village, il aperçut devant le perron de son isba une charrette attelée d'un cheval. Ayant rentré le troupeau dans l'enclos, dans sa hâte il négligea d'enlever la selle du hongre, cria à Vaska de le desseller, ferma la porte cochère et alla retrouver ses amis. Fut-ce la conséquence de l'affront fait à la jument chauve, petite-fille de la célèbre *Crème*, par le « sale galeux » acheté à la foire et qui ne connaissait ni son père ni sa mère ? Tout le troupeau se sentit-il atteint dans son orgueil aristocratique ? Ou bien le hongre avec sa haute selle sans cavalier offrait-il aux chevaux un spectacle bizarre, fantastique et qui les excitait ? En tout cas, cette nuit-là, il se passa dans l'enclos quelque chose d'extraordinaire. Montrant les dents, tous les chevaux, jeunes et vieux, poursuivaient le hongre, le chassant à travers la cour ; on entendait le choc des sabots contre ses flancs décharnés et le pénible halètement du vieillard. Le hongre ne pouvait plus supporter cela, il ne pouvait éviter les coups. Il s'arrêta au milieu de la cour ; toute son attitude exprimait la répugnante et débile colère de la vieillesse impuissante, et le désespoir. Il coucha les oreilles. Et soudain il se produisit une chose inattendue qui calma instantanément les chevaux : la jument la plus âgée, *Viasopourikha*, s'approcha du hongre, le flaira et soupira. Le hongre soupira aussi.

. . . .

V

Au milieu de la cour éclairée par la lune se dressait la haute et maigre silhouette du hongre avec sa grande selle surmontée du bec de l'arçon. Les chevaux se tenaient autour de lui, immobiles et silencieux, comme s'ils venaient d'apprendre quelque chose de tout nouveau et d'inattendu. Et en effet, ce qu'ils apprenaient de lui était nouveau et inattendu.

Voici ce qu'ils apprirent.

. . . .

PREMIÈRE NUIT

Oui, je suis le fils d'*Aimable Ier* et de *Baba*. Mon nom d'après le livre des origines est *Moujik Ier* : mais on m'a surnommé *l'Arpenteur*[1], à cause de ma foulée large et rapide qui n'avait pas son égale dans toute la Russie. Je suis de naissance plus noble que quiconque. Jamais je ne vous l'aurais dit. À quoi bon ? Vous ne m'auriez jamais reconnu, comme ne m'avait pas reconnu *Viasopourikha*, qui était avec moi au haras de Khrénov et qui vient seulement de me reconnaître à l'instant. Vous ne m'auriez pas cru sans le témoignage de *Viasopourikha*. Je ne vous aurais jamais parlé de moi. Je n'ai que faire de la pitié chevaline. Mais

1. *Kholstomer* en russe.

vous l'avez voulu. Oui, je suis cet *Arpenteur* que cherchent en vain les amateurs, que connaissait le comte lui-même et qu'il chassa du haras parce que j'avais battu à la course son favori, *Cygne*...

Quand je naquis je ne savais pas ce que signifiait le mot « pie ». Je croyais que j'étais un cheval comme les autres. Je me souviens que la première remarque que l'on fit sur mon pelage me surprit profondément, ainsi que ma mère.

Je naquis sans doute la nuit. Au matin, léché par ma mère, je me tenais déjà sur mes pattes. Je me souviens que j'avais tout le temps envie de quelque chose et que tout me paraissait extraordinaire et cependant fort simple. Nos stalles donnaient sur un long couloir tiède et l'on pouvait voir à travers les portes grillagées.

Ma mère me présentait ses tétines, mais j'étais si naïf que je la heurtais du nez tantôt entre ses pieds de devant, tantôt sous la queue. Soudain ma mère tourna la tête vers la porte et, passant sa patte par-dessus moi, elle recula un peu. Le palefrenier de corvée regardait dans notre box à travers le grillage.

— Eh bien, *Baba* a pouliné, dit-il en tirant le loquet.

Il entra et m'entoura de ses bras.

— Vois un peu, Tarass, cria-t-il, vois, il est taché comme une pie !

Je m'échappai de ses bras et tombai sur les genoux.

— En voilà un diablotin ! dit-il.

Ma mère se montrait inquiète ; cependant elle ne prit pas ma défense et s'éloigna d'un pas en poussant un profond soupir. D'autres palefreniers entrèrent et se mirent à m'examiner. L'un d'eux alla appeler le gardien d'écurie.

Tous ces gens riaient à cause de ma robe pie et me donnaient toutes sortes de surnoms étranges. Ni moi ni même ma mère ne comprenions le sens de ces appellations. Jusqu'à ce jour, il n'y avait encore jamais eu de cheval pie dans ma famille ; et nous ne nous doutions pas que ces taches fussent répréhensibles. D'autant plus que tout le monde admirait ma complexion, ma force.

— Voyez un peu comme il est vif ! dit le palefrenier. Impossible de le maintenir.

Au bout de quelque temps arriva le gardien ; ma robe le surprit lui aussi ; il paraissait même vexé.

— D'où sort ce laideron ? dit-il. Le général ne le laissera pas au haras. Eh, *Baba* ! tu m'as joué un mauvais tour ! fit-il en s'adressant à ma mère. Si au moins il avait été chauve ! Mais non, c'est un pie.

Ma mère ne répondit mot et, comme toujours dans de tels cas, elle se contenta de soupirer.

— De qui tient-il ça ? On dirait un moujik, continua le gardien. Impossible de le laisser au haras ; ce serait une honte. Et pourtant, il est bon, très bon, ajouta-t-il comme tous ceux qui m'examinaient.

Quelques jours plus tard, le général vint en personne. Il me regarda attentivement ; et tout le monde de nouveau paraissait consterné et me grondait ainsi que ma mère à cause de mes taches. « Cependant il est bon, très bon », répétaient tous ceux qui me voyaient.

Jusqu'au printemps, nous vécûmes dans nos stalles, chacun auprès de notre mère. Mais quand la neige commença à fondre sur les toits aux rayons du soleil, on nous permit de sortir de temps en temps avec nos mères dans la large cour couverte de paille fraîche. C'est ici que je fis la connaissance de ma parenté proche et éloignée. Suivies de leurs poulains, des différentes portes sortaient les juments célèbres de cette époque : *Hollandaise, Petite Mouche, Rouge, Volontaire.* Elles arrivaient toutes avec leurs poulains, se promenaient au soleil, se roulaient sur la paille et se flairaient mutuellement tout comme de simples chevaux. Je ne puis encore oublier le tableau que présentait cette cour remplie des plus belles juments de ce temps. Il vous est difficile de croire que j'aie été autrefois jeune et vif ; et pourtant, c'est la vérité. Il y avait là cette *Viasopourikha* que voici. C'était une pouliche d'un an, charmante, gaie et espiègle. Mais soit dit sans l'offenser — et elle-même d'ailleurs vous le confirmera —, bien que vous l'estimiez pour la pureté de son sang, elle était considérée comme un des plus médiocres produits de notre génération.

Ma robe tachetée, qui déplaisait tellement aux hommes, plaisait beaucoup aux chevaux en revanche : on m'entourait, on m'admirait, on me faisait fête. Je commençais déjà à oublier le mécontentement des hommes et me sentais heureux. Mais je connus bientôt le premier chagrin de mon existence et c'est ma mère qui en fut la cause. Quand vint le dégel, quand les moineaux se mirent à pépier sous les auvents et que l'air se fit doux, ma mère commença de changer d'attitude à mon égard.

Son humeur se modifia complètement. Tantôt sans raison aucune elle se mettait à courir, à jouer dans la cour, ce qui ne convenait nullement à son âge respectable, tantôt elle devenait songeuse et se mettait à hennir ; tantôt elle donnait des ruades à ses compagnes et les mordait. Parfois elle me flairait puis soufflait d'un air mécontent ; ou encore elle posait la tête sur l'épaule de sa cousine, *Marchande*, lui grattait le dos et me repoussait lorsque je voulais la téter. Un jour nous vîmes arriver le gardien d'écurie ; il lui fit passer un licou et ordonna de l'emmener. Elle poussa un hennissement ; je lui répondis et m'élançai derrière elle, mais elle n'eut même pas un regard pour moi. Le palefrenier Tarass me saisit dans ses bras tandis que l'on fermait la porte derrière ma mère.

Je fis un bond et renversai le palefrenier dans la paille, mais la porte était déjà fermée et le hennissement de ma mère s'éloignait de plus en plus ; ce n'était pas un appel d'ailleurs : il avait une expression toute nouvelle. Et soudain à sa voix répondit une autre voix puissante, celle de *Bon Ier*, comme je l'appris plus tard, qui, flanqué de deux palefreniers, venait à la rencontre de ma mère.

Je ne me souviens pas comment Tarass sortit du box ; j'étais trop triste, j'avais l'impression d'avoir perdu pour toujours l'amour de ma mère. « C'est parce que je suis pie », me disais-je me rappelant les paroles des hommes sur mon pelage. Et soudain une telle fureur me prit que je me mis à battre de la tête et des genoux contre les murs du box. Je ne m'arrêtai que lorsque je fus complètement épuisé, en sueur.

Au bout de quelque temps, ma mère revint. Je l'entendis approcher de la porte d'un petit trot qui ne lui était pas coutumier. La porte s'ouvrit et je ne la reconnus pas, tellement elle avait rajeuni et embelli. Elle me flaira, souffla bruyamment et poussa un petit cri. Je vis à toute son attitude qu'elle ne m'aimait plus.

Elle me parlait de la beauté de *Bon Ier* et de son amour. Leurs rendez-vous continuèrent et ma mère devenait de plus en plus froide à mon égard.

Bientôt on nous lâcha dans le pré. À partir de ce moment, je connus d'autres joies qui remplacèrent pour moi l'amour maternel. J'avais des camarades. Tous ensemble nous apprenions à manger de l'herbe, à hennir comme les grands et à galoper la queue en panache autour de nos mères. C'était l'heureux temps. On me pardonnait tout, tous m'aimaient, m'admiraient et se montraient pleins d'indulgence pour ce que je faisais. Cela ne dura pas longtemps.

C'est alors qu'il m'arriva une chose affreuse.

Le hongre pie poussa un profond soupir et s'éloigna des chevaux.

L'aurore avait déjà gagné une grande partie du ciel. La porte grinça et Nester entra dans l'enclos. Les chevaux se dispersèrent. Le gardien arrangea la selle du hongre et fit sortir le troupeau.

VI

DEUXIÈME NUIT

Aussitôt que les chevaux furent rentrés dans l'enclos, ils se rassemblèrent de nouveau autour du vieux hongre.

Dans le courant d'août on nous sépara, ma mère et moi, reprit le hongre, et je n'en ressentis aucun chagrin particulier. Je voyais qu'elle portait déjà mon frère cadet (celui qui fut plus tard le célèbre *Moustache*) et moi-même, je n'étais plus tel qu'autrefois. Je n'éprouvais pas de jalousie, mais je me sentais plus froid à son égard. Je savais de plus qu'on allait m'installer dans l'écurie réservée aux poulains, où ceux-ci occupaient un box à deux ou à trois et sortaient le matin tous ensemble. Je partageais mon box avec *Charmant*, que devait monter plus tard l'empereur et que l'on représenta en peinture et en sculpture. Ce n'était encore en ce temps qu'un poulain au pelage brillant et soyeux ; il avait un cou de cygne et des jambes fines et droites. Il était toujours gai, aimable, bienveillant, toujours prêt à jouer, à lécher et à taquiner aussi bien ses compagnons que les hommes. Nous devînmes amis en vivant ensemble et cette amitié dura tout le temps de notre jeunesse. Déjà, il commençait à faire la cour aux pouliches et se moquait gentiment de mon innocence. Pour mon malheur, je l'imitai par amour-propre et bientôt je pris goût à l'amour. Cette précoce inclination fut la cause du bouleversement de ma destinée. Je devins amoureux... *Viasopourikha* avait un an de plus que moi ; nous nous liâmes d'amitié, mais à la fin de l'automne je remarquai qu'elle semblait m'éviter...

Je ne vous raconterai pas la triste histoire de mon premier amour ; elle se souvient certainement de ma folle passion qui aboutit à la catastrophe de mon existence.

Les gardiens du troupeau se précipitèrent pour la chasser et se mirent à me battre. Le soir on m'enferma dans un box particulier ; je ne cessai de hennir toute la nuit comme prévoyant l'événement qui m'attendait le lendemain.

Le lendemain matin, le général, le chef d'écurie, les palefreniers, les gardiens, tous se réunirent dans le corridor de mon box. Ils criaient tous ensemble. Le général injuriait le chef d'écurie, celui-ci essayait de se justifier disant qu'il avait interdit de me lâcher et que c'était la faute des palefreniers. Le général menaça de faire donner le fouet à tout le monde ; le chef d'écurie promit de faire ce qu'il fallait. Après quoi tout le monde s'en alla. Je ne comprenais rien mais je devinais que l'on tramait quelque chose contre moi.

. . . .

Le lendemain je cessai pour toujours de hennir, je devins ce que je suis maintenant. Le monde entier se transforma à mes yeux. Plus rien ne m'était cher. Je rentrai en moi-même et me mis à réfléchir. Au début, la vie me devint odieuse. Je cessai même de boire, de manger, de me promener ; quant aux jeux, je n'y songeais même plus.

De temps à autre il me venait à l'idée de ruer, de sauter, de hennir ; mais aussitôt surgissait la terrible question : pour quoi, dans quel but ? Et mes dernières forces me quittaient.

Un soir on me sortit à l'heure où le troupeau rentrait des champs. J'aperçus encore de loin un nuage de poussière où se distinguaient les contours vagues mais familiers des juments. J'entendis de joyeux hennissements, des piétinements. Je m'arrêtai, bien que la corde du licou que tenait le palefrenier me coupât la nuque ; et je contemplai le troupeau qui s'approchait comme l'on contemple un bonheur perdu, que l'on ne retrouvera plus jamais. Il s'approchait et je reconnaissais les unes après les autres les silhouettes familières, belles, fières, robustes. Quelques-unes se retournèrent vers moi. Je ne sentais pas la douleur du licou que tirait le palefrenier ; j'avais perdu la notion des choses et involontairement, comme autrefois, je poussai un hennissement et me mis à trotter. Mais mon appel résonna triste, ridicule, absurde. Personne ne rit dans le troupeau, mais je remarquai que beaucoup se détournèrent de moi par délicatesse. Les juments avaient honte de moi et pitié ; et surtout, je leur paraissais comique. Elles trouvaient comique mon long cou inexpressif, ma grosse tête (j'avais maigri), mes longues jambes gauches et surtout l'allure stupide de mon trot lorsque, obéissant à une vieille habitude, je me mis à tourner autour du palefrenier. Personne ne répondit à mon hennissement, tout le monde se détourna de moi. Brusquement je compris tout. Je compris combien j'étais à jamais loin d'eux tous.

Je ne me souviens pas comment je rentrai à l'écurie avec le palefrenier.

Déjà auparavant j'avais manifesté une certaine tendance à la gravité et à la méditation. Mais un changement décisif s'opérait maintenant en moi. Mon pelage pie qui provoquait un si étrange mépris chez les hommes, mon malheur terrible, inattendu, et la situation particulière que j'occupais au haras, dont je me rendais compte mais que je ne parvenais pas à m'expliquer, tout cela m'incita à rentrer en moi-même. Je réfléchissais à l'injustice des hommes qui m'avaient condamné parce que j'étais pie ; je réfléchissais à l'inconstance de l'amour maternel, de l'amour féminin en général, qui dépendait entièrement des circonstances physiques. Je réfléchissais surtout aux particularités de cette étrange espèce d'animaux avec laquelle nous sommes si étroitement liés, que nous appelons les hommes, à ces particularités d'où découlait la situation où je me trouvais au haras et que je sentais sans pouvoir la comprendre.

Je la compris, ainsi que certains traits de la nature humaine, dans les circonstances suivantes.

C'était en hiver, pendant les fêtes de Noël. De toute la journée je n'avais eu ni à boire ni à manger. Ainsi que je l'appris plus tard, notre palefrenier s'était enivré. Le soir même, le chef d'écurie entra dans mon box, constata que je n'avais pas de fourrage et se mit à injurier le palefrenier absent. Puis il sortit.

Le lendemain le palefrenier vint avec un camarade et m'apporta du foin. Je remarquai qu'il était très pâle et triste ; son long dos avait une expression particulière qui incitait à la pitié.

Il lança furieusement le foin derrière la grille de la mangeoire ; je tendis la tête par-dessus son épaule mais il me porta un coup de poing si violent sur le nez que je me rejetai en arrière. Il me frappa encore le ventre avec sa botte.

— Sans ce galeux, il ne serait rien arrivé, dit-il.

— Et qu'est-il arrivé ? demanda l'autre palefrenier.

— Naturellement, pour ceux du comte, il ne va pas vérifier ce qui s'y passe, mais le sien, il vient le voir deux fois par jour.

— Alors, on lui a donné le pie ? interrogea l'autre.

— Vendu ou donné, le diable le sait ! Ceux du comte, tu pourrais tous les laisser crever de faim, il s'en moque. Mais comment a-t-on osé ne pas nourrir *son* poulain ? Allonge-toi, m'a-t-il dit, et il s'est mis à taper. Ce n'est pas un chrétien. Il a plus pitié d'un animal que d'un homme. Il ne porte pas de croix sans doute. Et lui-même comptait les coups. Le général ne frappe pas ainsi. Il m'a déchiré tout le dos. Ce n'est pas une âme chrétienne.

Ce qui concernait le fouet et la religion je l'avais fort bien compris, mais ce qui me paraissait alors obscur c'était l'expression « *son* poulain » : les hommes établissaient donc un certain lien entre moi et le chef d'écurie. Mais je ne parvenais pas à comprendre en quoi consistait ce lien. Je ne le compris que bien plus tard, quand on me sépara des autres chevaux. Mais alors je ne saisissais pas comment on pouvait me considérer, *moi*, comme la propriété d'un homme. Les mots « *mon* cheval » se rapportaient à moi, un cheval vivant, et ils me paraissaient aussi étranges que les mots : « *ma* terre », « *mon* air », « mon eau ».

Mais ces mots m'avaient produit une profonde impression. Je ne cessais d'y réfléchir. C'est beaucoup plus tard seulement, après avoir entretenu avec les hommes les rapports les plus divers, que je compris la signification qu'attachent les hommes à ces mots. Voici quelle est cette signification : ce n'est pas d'après les actes mais d'après les paroles que les hommes se dirigent dans la vie. Ce qu'ils apprécient, ce n'est pas tant la possibilité de faire ou de ne pas faire quelque chose que la possibilité de prononcer au sujet de différents objets certains mots dont ils sont convenus entre eux. Ces mots qu'ils considèrent comme très importants sont *mon, ma, mes*. Ils les appliquent aux êtres, aux objets, même à la terre, aux hommes, aux chevaux. Et ils sont convenus entre eux qu'un même objet ne pouvait être appelé « mon » que par une seule personne. Et celui qui conformément à ce jeu dit « mon » du plus grand nombre d'objets possible est considéré comme le plus heureux. Pourquoi est-ce ainsi ? Je l'ignore mais c'est ainsi. Naguère je pensais que cela était lié à quelque avantage direct, mais je me trompais.

Nombre de ceux qui me considéraient comme leur cheval ne me montaient jamais ; c'étaient d'autres qui me montaient, d'autres encore qui me nourrissaient. C'étaient les cochers, les maréchaux-ferrants qui me rendaient différents services et non pas ceux qui disaient « mon » cheval. Plus tard, ayant élargi le cercle de mes observations, je pus me convaincre que ce n'est pas seulement lorsqu'il se rapporte à nous, les chevaux, que le terme « mon » n'a d'autre raison que ce bas instinct dénommé par les hommes sentiment ou droit de propriété. L'homme dit : « ma maison » ; et cependant il n'y habite pas et se contente de la construire et de l'entretenir. Le marchand dit : « ma boutique », « mon magasin de drap », or lui-même ne porte pas le bon drap qu'il détient dans sa boutique.

Il y a des gens qui disent de la terre « ma terre » ; et cependant ils n'ont jamais vu cette terre et ne l'ont jamais parcourue. Il y a des gens qui prétendent que d'autres hommes leur appartiennent ; ils ne les ont jamais vus et le seul rapport qu'ils entretiennent avec eux consiste à leur faire du mal.

Il y a des hommes qui appellent certaines femmes « ma femme », « mon épouse » ; or il se trouve que ces femmes vivent avec d'autres hommes. Le but des humains ne consiste pas à accomplir ce qu'ils considèrent comme bon, mais à appeler « mien » le plus grand nombre d'objets.

Je suis persuadé à présent que c'est en cela que réside la différence essentielle entre les hommes et nous. Aussi, sans même tenir compte de nos autres supériorités vis-à-vis des hommes, cela seul nous permet déjà de déclarer hardiment que sur l'échelle des êtres vivants nous occupons un échelon plus élevé que les hommes. L'activité des hommes, de ceux du moins avec qui j'ai été en contact, est déterminée par des mots, tandis que la nôtre est déterminée par des faits.

C'était donc le chef de l'écurie qui avait reçu le droit de m'appeler « son » cheval et ce fut pourquoi il fouetta le palefrenier. Cette découverte me frappa. Jointe aux réflexions et aux jugements qu'avait provoqués parmi les hommes mon pelage pie, ainsi qu'à la mélancolie suscitée en moi par la trahison de ma mère, ladite découverte fit de moi ce que je suis aujourd'hui : un hongre grave et méditatif.

J'étais trois fois malheureux : j'étais pie, j'étais hongre et les hommes s'imaginaient que j'appartenais non pas à Dieu et à moi-même, ainsi qu'il est normal pour tout être vivant, mais au chef d'écurie.

Les conséquences de l'idée qu'ils se faisaient de moi furent multiples. La première fut que l'on me mit à part ; on me nourrissait mieux, on me faisait trotter à la longe plus souvent, et l'on m'attela plus tôt que les autres. Je n'avais pas trois ans quand on m'attela pour la première fois. Je me souviens que ce chef d'écurie qui se figurait que je lui appartenais arriva avec toute une bande de palefreniers pour m'atteler, croyant que j'allais résister et me révolter. Ils m'entourèrent de cordes en m'introduisant dans les brancards ; ils me posèrent sur le dos des courroies en croix qu'ils attachèrent aux brancards afin que je ne pusse pas ruer. Or moi, je n'attendais que l'occasion de montrer ma bonne volonté et mon goût au travail.

Ils étaient très étonnés de me voir marcher comme un vieux cheval. À partir de ce jour, on m'exerça à trotter. Je faisais de très grands progrès, si bien qu'au bout de trois mois le général lui-même et d'autres louaient mon allure. Mais, chose étrange, du fait que j'appartenais selon eux au chef d'écurie, mon allure acquérait à leurs yeux une signification toute particulière.

Quant aux autres jeunes chevaux, mes frères, on les préparait pour les courses de trot, on mesurait leurs foulées, on les regardait courir attelés à de légers drojki[1] dorés ; et après leurs essais on les couvrait de couvertures précieuses. Et moi, attelé au simple drojki du chef d'écurie, je trottais pour ses affaires à Tchesmenka et dans les autres villages des environs. Tout cela parce que j'étais pie et surtout parce que j'appartenais selon ces gens non au comte mais au chef d'écurie.

Si nous sommes demain en vie, je vous raconterai quelle fut pour moi la principale conséquence de ce droit de propriété que croyait avoir sur moi le chef d'écurie.

Toute cette journée, les chevaux traitèrent *l'Arpenteur* avec respect. Seul Nester se conduisait avec lui comme d'habitude, fort grossièrement. Le petit cheval gris du paysan hennit en s'approchant du troupeau et la pouliche baie fit de nouveau la coquette.

1. *Drojki* : léger équipage découvert à dossier bas, pouvant s'atteler à un ou deux chevaux.

VII

TROISIÈME NUIT

La nouvelle lune se leva et son fin croissant éclaira la silhouette de *l'Arpenteur* debout au milieu de la cour. Les chevaux étaient groupés autour de lui.

Du fait que je n'appartenais ni au comte ni à Dieu mais au chef d'écurie, reprit le hongre, résultat ceci : ce qui précisément constitue notre plus grand mérite — la rapidité de notre course — fut la cause de mon bannissement. Le jeune *Cygne* courait sur la piste lorsque le chef d'écurie qui rentrait avec moi de Tchesmenka me fit stopper près de la piste. *Cygne* passa devant nous. Il trottait fort bien, cependant il fanfaronnait un peu : il manquait de cette précision que j'avais développée en moi de façon qu'un pied touche le sol au moment même où l'autre s'en détache ; l'on évite ainsi toute dépense de force inutile et chaque effort vous porte en avant. *Cygne* repassa devant nous. Je m'avançai vers la piste. Le chef d'écurie ne me retint pas.

— Voyons un peu ce que fera mon pie ! s'écria-t-il.

Quand *Cygne* fut de nouveau à notre hauteur, il me lâcha. L'autre avait déjà acquis une certaine vitesse, de sorte qu'au premier tour je restai en arrière ; mais au second tour je commençai à le rattraper ; je me rapprochai de son drojki, j'arrivai à sa hauteur et je le dépassai. On fit un second essai ; le résultat fut le même. J'étais plus rapide. Tout le monde en fut épouvanté. Le général demanda que l'on me vendît au loin et au plus vite, pour que l'on n'entendît plus jamais parler de moi.

— Si le comte l'apprend, dit-il, ce sera une catastrophe.

On me vendit à un maquignon. Je ne restai pas longtemps chez lui ; je fus acheté par un hussard venu à la foire pour la remonte. Tout cela était si injuste, si cruel que je me sentis heureux de quitter le haras de Khrénov, de me séparer à jamais de tout ce qui m'avait été si proche, si cher. J'avais le cœur trop gros parmi mes anciens compagnons. Ils étaient promis à l'amour, aux honneurs, à la liberté, tandis que moi, j'étais condamné jusqu'à la fin de ma vie au travail et aux humiliations. Pour quelle raison ? Parce que j'étais pie et qu'à cause de cela je devais devenir la propriété de je ne sais qui.

Cette nuit-là *l'Arpenteur* ne put poursuivre son récit. Un événement se produisit qui bouleversa tous les chevaux. *Marchande,* une jument pleine, avait écouté comme les autres le vieux hongre ; soudain elle se détourna et se dirigea lentement vers la grange. Arrivée là, elle se mit à souffler si fort qu'elle attira l'attention de tous les chevaux. Ensuite elle se coucha, puis se leva, puis se coucha de nouveau. Les vieilles mères comprirent ce qui se passait, mais les jeunes en proie à une vive agitation délaissèrent le conteur et entourèrent la malade. Au matin un nouveau poulain vacillait déjà sur ses pattes frêles. Nester appela le chef d'écurie et la mère et l'enfant furent conduits dans un box tandis que le reste du troupeau allait paître.

VIII

QUATRIÈME NUIT

Le soir, quand les portes se refermèrent et que le silence se rétablit, le hongre continua en ces termes :

Au cours de mes pérégrinations d'un propriétaire à l'autre je pus recueillir de nombreuses observations tant sur les hommes que sur le chevaux. Je ne restai longtemps que chez deux maîtres : chez un officier de hussards, un prince, et chez une petite vieille qui habitait près de l'église Saint-Nicolas.

Je passai auprès de l'officier de hussards les plus heureuses années de mon existence.

Bien qu'il fût cause de ma perte, bien qu'il n'eût jamais aimé rien ni personne, je l'aimais et je l'aime précisément pour cela.

Ce qui me plaisait justement en lui c'était que beau, riche, heureux, il n'aimait personne.

Vous comprenez ce sentiment élevé que nous avons, nous autres chevaux. Sa froideur, la dépendance où je me trouvais vis-à-vis de lui prêtaient une force particulière à mon amour. « Tue-moi, épuise-moi ! me disais-je parfois en ce bon temps, j'en serai heureux. »

Il m'avait acheté au maquignon auquel le chef d'écurie m'avait vendu pour huit cents roubles. Son choix s'était arrêté sur moi parce que personne ne possédait de cheval pie. Ce fut mon meilleur temps. Il avait une maîtresse. Je le savais parce que je le conduisais tous les jours auprès d'elle et qu'il m'arrivait parfois de les emmener tous les deux.

Sa maîtresse était une beauté ; lui aussi était beau et beau était son cocher. Et je les aimais tous pour cela. Et l'existence m'était agréable auprès d'eux. Ma vie s'écoulait ainsi : le matin, le palefrenier, non pas le cocher, mais le palefrenier, venait faire ma toilette. Ce palefrenier était un gars de la campagne. Il ouvrait la porte de l'écurie, rejetait le fumier, enlevait les couvertures et se mettait à nettoyer le plancher marqué par mes fers, après quoi il me frottait le dos avec l'étrille, tandis que je mordillais sa manche et frappais du pied en guise de plaisanterie. Puis il me donnait à boire et restait là en admiration devant mes flancs que sa brosse avait rendus lisses et brillants, devant mes jambes fines aux larges sabots aussi droites que des flèches, devant ma croupe et mon dos puissant où l'on aurait pu s'installer pour dormir. On apportait le foin, on versait l'avoine dans la mangeoire de chêne. C'était alors qu'arrivait Théophane, le cocher.

Maître et cocher se ressemblaient. Ni l'un ni l'autre n'avaient peur de rien et n'aimaient personne, eux-mêmes exceptés. Et c'était pour cela que tous les aimaient. Théophane portait une chemise rouge, des culottes de velours, un casaquin de drap. J'aimais beaucoup le voir entrer dans l'écurie les jours de fête, les cheveux bien pommadés.

— Alors, vieille bête, tu ne me reconnais plus ! criait-il en me frappant avec le manche de la fourche, mais sans me faire de mal, uniquement pour rire. Je comprenais sa plaisanterie, je couchais une oreille, je claquais des dents.

Nous avions aussi un étalon noir. On nous attelait parfois ensemble la nuit. Ce *Polkan* ne comprenait pas la plaisanterie ; il était méchant comme un vrai diable. Nos stalles étaient voisines et il nous arrivait de nous quereller très sérieusement. Théophane ne le craignait pas cependant. Il allait droit sur lui, se mettait à crier. « L'autre va le tuer ! » me disais-je. Eh bien, non ! Théophane lui passait tranquillement le licou.

Un jour que nous étions attelés ensemble, nous nous emballâmes dans la rue des Forgerons. Ni le maître ni le cocher n'eurent la moindre peur : ils riaient, criaient aux gens de s'écarter, nous retenaient, nous faisaient tourner... On n'écrasa personne.

À leur service je perdis toutes mes qualités et la moitié de ma vie. On me rendit malade en me donnant à boire quand on n'aurait pas dû le faire et l'on me brisa ainsi les jambes. Eh bien, en dépit de cela, je considère ce temps comme le meilleur de ma vie. À midi on venait m'atteler. On graissait mes sabots, on mouillait ma frange et ma crinière et on m'introduisait dans les brancards.

Le traîneau était de jonc tressé, capitonné de

velours. Le harnais était garni d'argent, les rênes étaient de soie. Quand tous les bridons et les courroies étaient ajustés et attachés, on ne pouvait plus distinguer où finissait l'attelage et où commençait le cheval. On m'attelait sous l'auvent de la grange.

Théophane apparaît, le postérieur plus large que les épaules, la ceinture nouée haut sous les aisselles. Il vérifie d'un coup d'œil l'attelage, s'assied, arrange son cafetan, pose le pied dans l'étrier, lance quelque plaisanterie, fixe le fouet à sa place (il ne m'en frappait presque jamais, mais le fouet devait être là pour le bon ordre) et commande :

— Lâche-le !

Je sors d'une allure dansante par la porte cochère. La cuisinière sortie dans la cour pour vider les ordures s'arrête sur le seuil ; le paysan qui a apporté du bois écarquille les yeux. Nous sortons, nous faisons quelques pas, nous nous arrêtons. Des laquais s'assemblent autour de nous, des cochers s'approchent. Et les conversations vont bon train. Tout le monde attend. Nous restions quelquefois trois heures à attendre ainsi devant le perron. De temps à autre, l'on me faisait faire quelques pas et puis l'on revenait.

Enfin, on entend du bruit dans le vestibule ; tout gris, le ventre proéminent, le vieux Tikhone, en habit, accourt et crie :

— Servez !

En ce temps on n'avait pas encore pris la stupide habitude de dire « en avant ! » comme si je ne savais pas qu'il fallait avancer et non reculer. Théophane fait claquer ses lèvres et le traîneau s'arrête devant le perron. Le prince sort, d'un air pressé mais négligent, comme si ce traîneau, ce cheval et Théophane qui le dos courbé tend les bras dans une attitude qu'il paraît impossible de garder longtemps, comme si tout cela n'offrait rien d'extraordinaire. Le prince, en shako, porte un manteau garni d'un col de castor argenté qui dissimule son beau visage au teint vif et aux sourcils noirs, ce visage qu'il n'aurait jamais dû cacher. Il descend en faisant sonner son sabre, ses éperons et les quartiers de cuivre de ses socques. Il foule le tapis de l'escalier sans prêter aucune attention ni à moi ni à Théophane, à rien de ce qu'admirent tous les autres et que lui seul ne regarde pas. Théophane fait claquer ses lèvres, nous nous approchons posément, au pas, et nous nous arrêtons. Je jette un regard oblique vers le prince et je secoue ma tête racée et ma fine frange… Le prince est de bonne humeur. Il plaisante parfois avec Théophane. Théophane répond en tournant à peine sa belle tête. Sans abaisser les bras, il imprime aux rênes un mouvement presque imperceptible que je comprends aussitôt et une, deux… Allongeant de plus en plus ma foulée, frémissant de tous mes muscles et rejetant des paquets de neige sous le traîneau, je prends le trot. En ce temps, le si compréhensible « Attention, gare-toi ! » n'était pas encore remplacé par le stupide « Oh ! » qui fait penser que le cocher a mal quelque part.

— Attention, gare-toi ! crie de temps en temps Théophane.

Et les gens s'écartent, s'arrêtent et tendent le cou pour voir le beau hongre, le beau cocher, le beau seigneur…

J'aimais surtout à dépasser un trotteur. Quand de loin Théophane et moi nous apercevions un attelage digne de nos efforts, nous filions comme le vent. Et lentement nous nous rapprochions, plus près, de plus en plus près. Me voici déjà au niveau de la personne qui occupe le siège arrière et je lui envoie un jet de vapeur... je suis à la hauteur de la sellette, de l'arceau, déjà je ne vois plus mon rival, je n'entends plus derrière moi que le bruit décroissant de sa course. Mais le prince, Théophane et moi nous gardons le silence, nous faisons semblant d'aller simplement à nos propres affaires sans même remarquer ceux qui se trouvent sur notre chemin et dont les chevaux sont trop lents. Oui, j'aimais à rattraper, à dépasser ; mais j'aimais aussi à croiser un bon trotteur. Une seconde, un son, un regard et nous nous croisons, nous séparons et de nouveau seuls nous poursuivons chacun notre chemin...

La porte grinça et l'on entendit les voix de Nester et de Vaska.

IX

CINQUIÈME NUIT

Le temps commençait à changer. Il faisait gris. Il n'y eut pas de rosée le matin, mais l'air était doux et les moustiques se montraient toujours aussi collants. Dès que le troupeau fut rentré, les chevaux se réunirent autour du hongre pie et il acheva ainsi son histoire.

Cette existence heureuse ne dura pas longtemps. Je vécus ainsi deux ans seulement. À la fin du second hiver se produisit l'événement le plus joyeux de ma carrière et, tout de suite après, le plus grand malheur qui me soit arrivé. C'était le carnaval. Je conduisis le prince aux courses de trot auxquelles prenaient part ce jour-là *Satiné* et *Taurillon*. Je ne sais ce qui se passa dans le paddock ; je sais seulement que le prince en sortit et ordonna à Théophane de m'amener sur la piste. Je me souviens que l'on me conduisit sur la piste et que l'on me plaça à côté de *Satiné*. Celui-ci courait avec un entraîneur, moi, tel que j'étais, attelé à un traîneau de ville. Au tournant, je l'avais déjà laissé derrière moi. Des rires, des hurlements de joie accueillirent mon succès.

Lorsqu'on me ramena, toute une foule me fit cortège. Des gens offrirent au prince des mille et des mille pour m'avoir. Lui se contentait de rire en découvrant ses dents blanches.

— Non, disait-il. Ce n'est pas un cheval, c'est un ami. Je ne le donnerai pas pour des montagnes d'or. Au revoir, messieurs !

Il écarta la couverture du traîneau et s'assit.

— À l'Ostojenka !

C'était l'appartement de sa maîtresse. Et nous partîmes comme le vent.

Ce fut notre dernier beau jour. Nous arrivâmes chez elle. Il l'appelait « sienne ». Or elle en aimait un autre et elle était partie avec lui. Il l'apprit en arrivant. Il était cinq heures et sans me dételer Théophane me lança à sa poursuite. On me donnait des coups de fouet et l'on m'obligeait à galoper, ce qui n'était jamais encore arrivé. Quand pour la première fois je passai du trot au galop j'eus honte et voulus me rattraper. Mais j'entendis le prince hurler d'une voix rauque :

— Vas-y !

Le fouet siffla et me cingla cruellement. Je pris le galop en heurtant des pieds le fer du traîneau. Nous les rattrapâmes à vingt-cinq verstes de la ville. J'avais réussi. Mais je ne cessai de trembler de toute la nuit et ne pus rien manger. Le lendemain matin, on me donna à boire. Je bus et, à partir de ce moment, je ne fus plus jamais celui que j'avais été. Je devins malade. On me maltraita, on me tortura — les hommes appellent cela « soigner ». Mes sabots se ramollirent, j'eus des engelures, mes jambes s'arquèrent, ma poitrine se rétrécit, tout mon corps s'affaiblit, je perdis mes forces. On me vendit à un maquignon. Il me nourrissait de carottes et de je ne sais quoi encore et il fit de moi quelque chose qui ne me ressemblait pas du tout, mais qui pouvait encore tromper les ignorants…

De plus, lorsque se présentait un acheteur, le maquignon entrait dans ma stalle et se mettait à me donner des coups de fouet et à me faire peur jusqu'à ce que je devinsse enragé. Alors il me frottait le dos pour effacer la trace des coups et me sortait.

Une vieille femme m'acheta au maquignon. Elle se faisait constamment conduire à l'église de

Saint-Nicolas, et elle battait son cocher. Le cocher venait pleurer dans ma stalle et je connus ainsi que les larmes ont un goût agréable et salé. Puis la vieille mourut. Son gérant m'emmena à la campagne et me vendit à un marchand. Ensuite, j'eus une indigestion d'avoine et je devins encore plus faible. Le marchand me vendit à un paysan. Là je labourai, ne mangeant presque rien, et le soc de la charrue me blessa au pied. Je retombai malade. Un Tsigane me racheta. Il me torturait affreusement et finit par me vendre à notre gérant. Et me voilà ici…

Tous se taisaient. La pluie se mit à tomber.

X

En rentrant le lendemain soir, le troupeau rencontra le maître, qu'accompagnait un visiteur. La vieille *Jouldyba*, qui marchait en tête, regarda de côté les deux hommes : l'un d'eux coiffé d'un chapeau de paille était le jeune maître ; l'autre, un officier, grand, gras et flasque. La jument passa devant lui l'œil oblique, les oreilles aplaties ; les autres, les jeunes, commencèrent à s'agiter, surtout quand le maître et son hôte s'engagèrent au milieu du troupeau, en causant et en désignant différents chevaux.

— Celle-ci, la gris pommelé, je l'ai achetée à Voéïkov, dit le maître.

— Et l'autre, la jeune noire aux jambes

blanches, d'où vient-elle ? Elle est bien jolie, fit le visiteur.

Ils passèrent ainsi en revue nombre de chevaux, les poursuivant et les arrêtant. Ils remarquèrent également la pouliche baie.

— Celle-là, elle me vient des bêtes de selle du haras de Khrénov, dit le propriétaire.

Comme il ne parvenait pas à examiner tous les chevaux, le maître appela Nester et le gardien frappa des talons les flancs du hongre pie, qui s'avança au trot. Le hongre courait cahin-caha en boitillant, mais il était visible qu'il n'aurait récriminé en aucun cas, quand bien même on lui eût commandé de trotter ainsi jusqu'au bout du monde, jusqu'à la limite de ses forces. Il était même prêt à galoper, et il esquissa en effet un temps de galop.

— J'ose le dire : dans toute la Russie, il n'existe pas de meilleure bête que cette jument, déclara le maître en désignant un cheval.

L'autre acquiesça. Le maître courait d'un air agité, s'arrêtait devant telle ou telle bête, racontait son histoire.

Le visiteur s'ennuyait visiblement, mais il s'ingéniait à poser différentes questions qui devaient faire croire que tout cela l'intéressait beaucoup.

— Oui, oui, disait-il distraitement.

— Regarde-la donc, répétait l'autre. Regarde ses jambes. Elle m'a coûté cher mais elle m'a déjà donné trois poulains, et elle court.

— Court-elle bien ? demanda le visiteur.

Ils passèrent ainsi en revue la plupart des chevaux ; le maître n'avait plus rien à montrer et ils se turent.

— Eh bien, rentrons !

— Rentrons !

Ils se dirigèrent vers la porte cochère. L'officier était content que ce fût fini et que l'on pût enfin manger, boire, fumer ; aussi se montra-t-il plus gai. En passant devant Nester, qui, toujours assis sur le hongre, attendait les ordres, le visiteur frappa la croupe du hongre de sa main grasse.

— Il est bariolé celui-là ! dit-il. J'en avais aussi un pie. Je t'ai raconté. Te rappelles-tu ?

Comme il ne s'agissait pas de ses chevaux à lui, le maître n'écouta pas. Se retournant, il considéra encore le troupeau.

Soudain, juste au-dessus de son oreille retentit un faible hennissement, un hennissement bête et sénile. C'était le hongre pie. Mais, comme intimidé, il s'arrêta court.

Ni le maître ni son hôte ne firent attention à ce hennissement et ils rentrèrent dans la maison. Le hongre pie avait reconnu dans ce vieil officier obèse son maître préféré, le pince Serpoukhovskoï, naguère brillant, riche et beau.

Une pluie fine continuait de tomber. L'enclos était sombre, mais il en était autrement de la maison seigneuriale. La table était somptueusement servie pour le thé du soir dans le magnifique salon. Trois personnes avaient pris place à cette table : le maître et la maîtresse de maison et leur hôte.

La jeune femme se tenait près du samovar. Elle était enceinte et cela se voyait à son ventre qui remontait, à son dos rejeté en arrière, à son embonpoint et surtout à ses yeux, à ses grands yeux dont le regard doux et grave semblait tourné en dedans.

Le maître tenait à la main un coffret de cigares extraordinaires, vieux de dix ans, des cigares, disait-il, comme personne n'en avait de semblables, et il s'apprêtait à les faire apprécier à son visiteur. C'était un beau garçon de vingt-cinq ans, frais, bien soigné, bien coiffé. Il portait à la maison un complet large et épais, fait à Londres. De lourdes et précieuses breloques pendaient à la chaîne de sa montre. Les grands boutons de sa chemise étaient en or massif, garnis de turquoises. Sa barbe était taillée à la *Napoléon III*[1] et ses moustaches raides et pommadées pointaient comme on ne le voit qu'à Paris.

Sa compagne portait une robe de voile de soie brodée de bouquets multicolores. Des épingles d'or d'un modèle tout à fait particulier retenaient ses épais cheveux blonds ; ils ne lui appartenaient pas tous mais étaient fort beaux. Ses mains étaient chargées de bracelets et de bagues, tous de grande valeur.

Le samovar était en argent, le service à thé, de porcelaine fine. Un grand laquais en frac, gilet blanc et cravate blanche, se tenait près de la porte, telle une statue, attendant les ordres. Les meubles, de couleurs vives, avaient des formes contournées. Les murs étaient couverts de tapisseries sombres à grandes fleurs. Près de la table, une levrette étonnamment mince faisait tinter son collier d'argent. Elle portait un nom anglais affreusement difficile et que ses maîtres prononçaient mal, car ils ne savaient pas l'anglais.

1. En français dans le texte.

Dans un coin, au milieu des fleurs, il y avait un piano *incrusté*[1]. Tout était neuf, luxueux et rare. Tout était très beau, mais recherché, trop opulent et révélait l'absence d'intérêts intellectuels.

Le maître, amateur de chevaux, robuste et sanguin, était de ces hommes qui portent des pelisses de zibeline, lancent des bouquets de fleurs chers aux actrices, boivent les vins les plus coûteux des marques les plus renommées dans les meilleurs hôtels, fondent des prix portant leur nom et entretiennent les femmes les plus chères...

Le visiteur, Nikita Serpoukhovskoï, avait dépassé la quarantaine. Il était grand, gros, chauve, avec d'épais favoris et de longues moustaches. Il avait dû être très beau autrefois. Maintenant il s'affaissait visiblement, au physique et au moral.

Il était si criblé de dettes qu'il avait été obligé de prendre du service pour éviter la prison. Il se rendait maintenant au chef-lieu de la province où il était nommé directeur de haras. Ce poste lui avait été obtenu par ses parents, gens influents.

Il portait la tenue d'été : sa tunique blanche et ses pantalons bleus ainsi que son linge étaient de la plus belle qualité. Sa montre venait d'Angleterre, ainsi que ses bottes aux semelles extraordinairement épaisses.

Ayant dilapidé une fortune de deux millions de roubles, Nikita Serpoukhovskoï avait encore cent vingt mille roubles de dettes. D'une telle fortune, il vous reste toujours un large train de vie qui vous ouvre des crédits et vous permet de vivre dans une certaine opulence pendant une dizaine d'années.

1. En français dans le texte.

Ces dix années touchaient à leur fin, le train de vie s'amenuisait et Nikita commençait à trouver que la vie était triste. Il s'enivrait, c'est-à-dire que le vin agissait sur lui, ce qui ne se produisait jamais autrefois. Pour ce qui était de boire, à proprement parler, il n'avait jamais commencé ni cessé de boire. Mais c'était surtout à ses yeux inquiets que l'on pouvait se rendre compte de sa déchéance (son regard papillotait maintenant), à l'incertitude de ses intonations, de ses gestes. Cette inquiétude surprenait parce qu'on la devinait toute récente, parce qu'on voyait qu'il avait été habitué toute sa vie à ne craindre rien ni personne et que cette peur, si contraire à sa nature, lui avait été imposée par de dures souffrances.

Le maître et la maîtresse de maison remarquaient tout cela. Les regards rapides qu'ils échangeaient montraient qu'ils se comprenaient, mais remettaient à l'heure du lit l'examen détaillé de la chose ; pour le moment ils supportaient le pauvre Nikita et même l'entouraient d'amabilités.

L'aspect heureux de son hôte humiliait Nikita, il excitait en lui un sentiment d'envie en lui rappelant son propre passé, irrémédiablement révolu.

— Le cigare ne vous dérange pas, Marie ? dit-il en s'adressant à la jeune femme, de ce ton particulier que seule confère l'expérience, de ce ton poli, amical, mais point très respectueux qu'emploient les gens du monde avec les femmes entretenues comme pour les distinguer des épouses légitimes. Il ne voulait certainement pas l'offenser, au contraire ; en ce moment, il aurait désiré plutôt la flatter, bien qu'il n'eût jamais consenti à se l'avouer à lui-même. Mais il était habitué à parler de la sorte aux femmes de ce genre. Il savait d'ailleurs que s'il l'avait traitée comme une dame du monde, elle en eût été elle-même étonnée et offensée. De plus, il lui fallait garder en réserve une certaine nuance respectueuse pour le cas où il aurait eu affaire à l'épouse légitime de son égal. Il se conduisait toujours avec déférence à l'égard des femmes entretenues : non pas qu'il partageât les prétendues convictions que prêchent les revues (il ne lisait jamais ces « horreurs ») au sujet de la liberté de la personne humaine, de l'insignifiance du mariage, etc., mais parce que tous les gens comme il faut agissaient ainsi et qu'il était un homme comme il faut, bien que déchu.

Il prit un cigare. Mais son hôte en saisit gauchement une poignée et la lui offrit.

— Non, tu verras comme ils sont bons. Prends donc !

Le visiteur repoussa de la main les cigares et dans ses yeux passa une expression offensée, honteuse.

— Merci.

Il sortit son porte-cigares.

— Goûte les miens.

La jeune femme était perspicace. Elle remarqua l'expression du visiteur et lui dit :

— J'aime beaucoup les cigares. Je fumerais aussi si tout le monde ne fumait pas autour de moi.

Elle eut un beau sourire plein de bonté. Nikita

sourit à son tour mais prudemment : il lui manquait deux dents.

— Mais non, prends celui-là, insistait l'autre, qui manquait de tact. Ceux-ci sont plus faibles. Fritz, *bringen Sie noch einen Kasten*, ajouta-t-il, *dort zwei*[1].

Le laquais, un Allemand, apporta un autre coffret.

— Lesquels préfères-tu, les grands ? les plus forts ? Ceux-ci sont excellents. Prends tout, insistait-il.

Il était visiblement satisfait de pouvoir étaler devant quelqu'un ses richesses et ne remarquait rien. Serpoukhovskoï alluma un cigare et se hâta de reprendre la conversation interrompue.

— Alors, à combien *Satiné* t'est-il revenu ?

— Il m'est revenu cher, près de cinq mille roubles ; mais au moins je suis tranquille maintenant. Quels enfants !

— Ils courent déjà ?

— Et comment ! Son fils vient de gagner trois prix : à Toula, à Moscou et à Pétersbourg. Il a couru avec *Corbeau* de Voéïkov. Si cette canaille de jockey ne l'avait pas fait changer d'allure à quatre reprises, il l'aurait battu de loin.

— Il est un peu lourd. Trop de sang hollandais, dit Nikita.

— Et les mères donc ! à quoi servent-elles ? Je te les montrerai demain. J'ai donné trois mille pour *Douce*, deux mille pour *Caressante*.

1. « Apportez encore un coffret — il y en a deux là-bas » (allemand).

Et il se mit de nouveau à énumérer ses richesses. La maîtresse de maison voyait combien Serpoukhovskoï en souffrait et qu'il n'écoutait que d'une oreille.

— Boirez-vous encore du thé ? demanda-t-elle.

— Non, répondit le maître de maison, et il recommença à se vanter. Elle se leva. Il s'arrêta et l'embrassa.

Serpoukhovskoï avait commencé de sourire en les regardant, d'un sourire artificiel qui leur était destiné ; mais lorsque son hôte enlaça la jeune femme et la reconduisit jusqu'à la porte, Nikita changea brusquement d'attitude : il poussa un profond soupir et son visage bouffi prit une expression désespérée et même méchante.

Le maître de maison revint et s'assit toujours souriant en face de Nikita. Ils restèrent un moment sans parler.

XI

— Tu disais que tu l'avais acheté à Voéïkov, fit Serpoukhovskoï d'un ton faussement négligent.

— Oui, *Satiné*. J'aurais voulu acheter quelques juments chez Doubovitsky, mais il ne lui restait plus rien de bon.

— Il est fauché, dit Serpoukhovskoï. Et soudain il s'arrêta et regarda autour de lui. Il venait de se rappeler qu'il devait vingt mille roubles à ce « fauché » et que si l'on pouvait dire de quelqu'un « il est fauché », ces mots s'appliquaient à lui,

Serpoukhovskoï, mieux qu'à quiconque. Il se mit à rire.

Ils restèrent de nouveau silencieux un bon moment. L'hôte cherchait mentalement comment il pourrait encore éblouir le visiteur ; et celui-ci réfléchissait au moyen de faire comprendre au maître de maison qu'il ne se considérait pas comme « fauché ». Mais tous deux avaient la réflexion lente en dépit des cigares qu'ils fumaient pour se remonter. « Eh bien, quand pourra-t-on boire ? » se demandait Serpoukhovskoï. « Il faut boire, se disait son hôte. Il est ennuyeux à mourir. »

— Alors, tu restes encore longtemps ici ? demanda Serpoukhovskoï.

— Un mois environ... Si l'on soupait ! Fritz, est-ce prêt ?

Ils gagnèrent la salle à manger. Sous la lampe se dressait la table éclairée par des bougies et garnie de choses extraordinaires ; il y avait là des siphons, des bouteilles surmontées de bouchons ornés de petites poupées, des vins rares dans des carafons, de la vodka, des hors-d'œuvre compliqués. Ils burent, mangèrent, reburent et remangèrent et la conversation s'engagea. Serpoukhovskoï, le visage empourpré, se mit à parler sans se gêner.

Ils parlèrent des femmes, chacun énumérant celles qu'il avait eues : une Tsigane, une danseuse, une Française...

— Et alors, tu as abandonné la Matier ?

C'était la maîtresse qui avait ruiné Serpoukhovskoï.

— C'est elle plutôt qui m'a abandonné. Ah ! mon ami ! quand je pense à tout l'argent que j'ai gaspillé ! Maintenant je me sens heureux quand j'ai mille roubles en poche. Je suis content de quitter tous ces gens, vraiment. Impossible de vivre à Moscou. D'ailleurs, à quoi bon parler de tout cela !

L'hôte s'ennuyait. Il avait envie de parler de lui, de se vanter ; et Serpoukhovskoï avait envie de parler de soi, de son brillant passé. Son ami lui versa du vin et attendit qu'il s'arrêtât pour lui parler de ses propres affaires, de son haras, où tout était organisé bien mieux que dans les autres haras, pour lui parler aussi de Marie, qui l'aimait de tout son cœur et pas seulement à cause de l'argent qu'il lui donnait.

— Je voulais te dire que chez moi..., commença-t-il. Mais l'autre l'interrompit :

— Il fut un temps, je puis le dire, où j'aimais et savais vivre. Nous parlions de courses. Eh bien, dis-moi, quel est ton cheval le plus rapide ?

L'autre fut ravi de pouvoir encore parler de son haras, mais dès ses premiers mots Serpoukhovskoï l'interrompit de nouveau :

— Oui, oui, fit-il. Mais vous autres, éleveurs, vous vous occupez de tout cela pour la gloriole seulement, pas pour le plaisir, par pour la vie réelle. Chez moi, ce n'était pas ainsi. Je te disais tantôt que j'avais un cheval pie, tacheté, tout comme celui que monte ton gardien de troupeau. Ça c'était un cheval ! Tu ne peux pas savoir, c'était en quarante-deux ; je venais d'arriver à Moscou. Je vais chez un maquignon et je vois un hongre pie, bien bâti. Il me plut. Le prix ? mille roubles. Il me plut, je l'achetai. Je n'ai jamais eu, et toi non plus tu n'as jamais eu et tu n'auras jamais un cheval pareil. Jamais je n'ai vu de meilleur cheval, et comme vitesse, et comme force, et comme beauté. Tu étais un petit garçon à cette époque, tu ne pouvais savoir, mais tu as entendu parler de lui probablement. Tout Moscou le connaissait.

— Oui, j'ai entendu, dit l'hôte à contrecœur. Mais je voulais te raconter...

— Ainsi tu en as entendu parler. Je l'avais acheté à tout hasard, sans certificat d'origine. C'est seulement plus tard que je l'ai appris. Nous y sommes arrivés avec Voéïkov ! C'était le fils d'*Aimable I*[er]. On l'avait surnommé *l'Arpenteur*. Comme il était pie, le haras de Khrénov l'avait cédé au chef d'écurie ; celui-ci l'avait châtré et vendu à un maquignon. Des chevaux pareils, il n'y en a plus, mon ami. Ah ! c'était le bon temps ! Ah ! ma jeunesse !... commença-t-il sur l'air d'une chanson tsigane. — Le vin lui montait à la tête. — Oui, c'était le bon temps ! J'avais vingt-cinq ans, quatre-vingt mille roubles de revenu, pas un cheveu gris, des dents comme des perles... Tout ce que j'entreprenais me réussissait. Et voilà, c'est fini...

— Mais aujourd'hui on obtient des bêtes plus rapides, dit le maître de maison profitant de cette pause. Mes chevaux ont commencé par faire...

— Tes chevaux ! Ils étaient plus rapides dans le temps.

— Comment plus rapides ?...

— Oui, plus rapides. Je me souviens comme si c'était hier. Un jour j'étais allé avec mon hongre aux courses. Je ne faisais pas courir. Je n'aimais pas les trotteurs ; j'avais des pur-sang : *Général Cholet, Mahomet*. On attelait d'ordinaire le hongre.

J'avais un cocher, un brave garçon, je l'aimais bien. Lui aussi le vin l'a perdu. J'arrive donc.

« — Serpoukhovskoï, me dit-on, quand auras-tu des trotteurs ? — Que le diable emporte vos chevaux de paysans ! Mon hongre battra tous les vôtres. — Jamais il ne les battra. — Je parie mille roubles. — Tope là !

On lâche les chevaux. Il l'a battu de cinq secondes et j'ai gagné mille roubles. Mais qu'est-ce que cela ! Avec mes pur-sang j'ai fait une fois cent verstes en trois heures. Tout Moscou le sait !

Et Serpoukhovskoï se mit à raconter des histoires, si abondamment et avec une telle virtuosité que son hôte se trouva dans l'impossibilité de placer un mot. Assis le visage morne en face de Nikita, de temps à autre il remplissait leurs deux verres pour se distraire.

Il commençait à faire jour. Ils étaient toujours assis l'un devant l'autre. Le maître de maison s'ennuyait à mourir. Il se leva.

— Allons dormir, dit Serpoukhovskoï.

Il se leva et, titubant et soufflant, il gagna la chambre qu'on lui avait préparée.

. . . .

. . . .

Le maître de maison était couché à côté de sa maîtresse.

— Il est vraiment impossible. Il a bu et s'est mis à raconter des histoires sans arrêt.

— Et il me fait la cour.

— Je crains qu'il ne me demande de l'argent.

Serpoukhovskoï, étendu tout habillé sur son lit, soufflait lourdement.

« Je crois que j'ai beaucoup raconté d'histoires, songea-t-il. Bah ! qu'importe ! Le vin est bon, mais lui est un cochon. Il y a du marchand en lui. Et moi aussi je suis un fameux cochon. »

Il éclata de rire.

« Autrefois, c'était moi qui entretenais et maintenant je me fais entretenir. Oui, la Winkler m'entretient, je prends son argent. Bien fait pour lui ! Mais il faut se déshabiller. Je ne pourrai pas enlever mes bottes.

— Holà ! cria-t-il ; mais le domestique préposé à son service était allé dormir depuis longtemps.

Il s'assit, enleva sa tunique et laissa tomber ses pantalons. Mais il eut du mal avec ses bottes : son ventre mou le gênait. Il parvint à grand-peine à en retirer une, se démena longtemps avec l'autre et finalement y renonça, essoufflé, épuisé. Il retomba sur son lit et se mit à ronfler, remplissant toute la chambre d'une odeur de vin, de tabac et de vieillesse.

XII

Si *l'Arpenteur* se livra encore à ses souvenirs cette nuit-là, il fut interrompu par Vaska, qui jeta sur lui une couverture, monta sur son dos et le lança au galop pour le laisser ensuite presque jusqu'au matin à la porte du cabaret, à côté d'un cheval de paysan. Les deux bêtes se léchèrent. Le lendemain, *l'Arpenteur* accompagna le troupeau ; il ne cessait de se gratter.

« Ce que ça me démange ! » se disait-il.

Cinq jours s'écoulèrent. On fit appeler le vétérinaire qui déclara joyeusement :

— C'est la gale. Il faudra le vendre aux Tsiganes.

— Ça ne vaut pas la peine. Débarrassez-nous-en aujourd'hui même.

Le matin était clair et doux. Le troupeau partit aux champs. *L'Arpenteur* resta. Vint un homme étrange, maigre, noir, sale, vêtu d'un cafetan noir couvert d'éclaboussures. C'était l'équarrisseur. Il prit sans un regard pour la bête la bride du licou de *l'Arpenteur* et l'emmena. Le hongre avançait tranquillement, sans se retourner, en traînant les jambes comme d'habitude.

Quand ils furent sortis de l'enclos, *l'Arpenteur* tendit le cou vers le puits, mais l'équarrisseur tira sur la bride et dit :

— Ce n'est pas la peine.

Suivi de Vaska, l'équarrisseur conduisit le cheval dans un ravin derrière un hangar en briques ; et comme si cet endroit tout à fait quelconque présentait un intérêt particulier, les deux hommes s'arrêtèrent et l'équarrisseur, ayant passé la bride à Vaska, enleva son cafetan, retroussa ses manches et sortit de sa botte un couteau et un affiloir. Le hongre tendit le cou vers la bride ; il aurait voulu la mâchonner pour se distraire, mais il ne put l'atteindre. Il soupira et ferma les yeux. Sa lèvre pendit, découvrant ses dents jaunes et rongées, et il commença à s'assoupir au bruit du couteau que l'on aiguisait. Seule frémissait parfois sa jambe malade et enflée. Soudain il sentit qu'on le saisissait sous la mâchoire et qu'on lui levait la tête. Il ouvrit les yeux. Deux chiens se tenaient devant lui. L'un d'eux flairait l'air dans la direction de l'équarrisseur ; l'autre était assis et regardait le hongre comme s'il en attendait quelque chose. *L'Arpenteur* les considéra un instant puis se mit à se frotter le nez contre le bras qui le tenait.

« Ils vont sans doute me soigner, songea-t-il. À leur aise ! »

Il sentit en effet que l'on touchait sa gorge. Il éprouva une vive douleur, tressaillit, sa jambe malade plia, mais il se retint et attendit ce qui allait arriver… Or il arriva ceci : quelque chose de liquide se mit à couler en un jet abondant sur son cou, sur sa poitrine. Il soupira profondément. Il se sentit allégé, allégé de tout le poids de sa vie.

Il ferma les yeux et pencha la tête ; personne ne la soutenait plus. Ses jambes se mirent à trembler. Tout son corps vacilla. Il en fut moins effrayé qu'étonné.

Tout devenait nouveau. Surpris, il esquissa un mouvement en avant, vers le haut… mais ses jambes s'enchevêtrèrent, et il commença à glisser sur le côté ; il voulut se redresser et s'écroula en avant et sur le flanc gauche.

L'équarrisseur attendit la fin des convulsions, écarta les chiens qui s'étaient approchés, prit le hongre par les pattes, le retourna sur le dos et ayant dit à Vaska de tenir une jambe, se mit à dépecer le corps.

— C'était tout de même un cheval, fit Vaska.

— S'il avait été un peu plus en chair, sa peau aurait été belle, répondit l'équarrisseur.

Le troupeau rentrait ce soir-là par le haut, et les chevaux qui étaient à gauche purent voir en bas une masse rouge autour de laquelle s'agitaient des chiens et tournoyaient les corbeaux et les vautours. L'un des chiens s'arc-boutant des pattes à la charogne et secouant la tête arrachait avec des craquements le morceau qu'il avait saisi. La pouliche baie s'arrêta, allongea le cou et aspira profondément l'air. On eut du mal à la faire avancer.

À l'aurore, dans la forêt, au fond d'un ravin broussailleux des louveteaux aux grosses têtes hurlaient joyeusement. Ils étaient cinq quatre de la même taille à peu près, et un très petit, dont la tête était plus forte que le corps. Traînant son ventre plein aux mamelles pendantes jusqu'à terre, une louve maigre, à moitié pelée, sortit des buissons et s'assit en face des louveteaux ; ceux-ci formèrent un demi-cercle autour d'elle. La louve s'approcha du plus petit et, abaissant la queue, la tête au ras du sol, elle fit quelques mouvements convulsifs, ouvrit sa gueule plantée de grandes dents et vomit un gros morceau de cheval. Tous les louveteaux s'approchèrent, mais la louve fit vers eux un mouvement menaçant et laissa tout le morceau au petit. Celui-ci saisit la viande en grondant, se coucha dessus et se mit à la dévorer. De la même façon, la louve vomit un morceau pour le deuxième, le troisième… Et quand elle les eut nourris ainsi tous les cinq, elle s'étendit près d'eux et se reposa.

Une semaine plus tard, il ne restait près du hangar en briques qu'un énorme crâne et deux omoplates, tout le reste avait été dispersé. Lorsque vint l'été, le paysan qui ramassait les os emporta ce crâne et ces omoplates et en tira parti.

Le corps de Serpoukhovskoï, qui allait à travers le monde mangeant et buvant, fut porté en terre bien plus tard. Ni sa peau, ni sa chair, ni ses os ne purent servir à rien.

Et de même que depuis vingt ans ce corps mort qui marchait, mangeait et buvait était une charge pour tout le monde, lorsqu'il fallut le mettre en terre ce fut encore une corvée pour son entourage. Depuis longtemps déjà il n'était plus utile à personne, depuis longtemps il était à la charge de tous ; et cependant, ces morts qui enterrent les morts crurent nécessaire de revêtir d'un bel uniforme le corps gras déjà à moitié décomposé, de chausser ses pieds de belles bottes et de le coucher dans un beau cercueil garni aux quatre angles de glands neufs. Ce cercueil fut mis dans un autre, en plomb, que l'on envoya à Moscou. À Moscou, on jugea nécessaire de déterrer de vieux os humains et d'enfouir précisément à cet endroit ce corps pourri et grouillant de vers dans son uniforme neuf et ses bottes bien cirées, puis de jeter de la terre par-dessus le tout.

Albert

I

Cinq invités, jeunes et fortunés, étaient arrivés après deux heures du matin dans un petit bal de Saint-Pétersbourg pour s'y amuser.

On avait déjà vidé force coupes de champagne, la plupart des messieurs étaient très jeunes, les demoiselles étaient jolies, le piano et le violon jouaient inlassablement polka sur polka, les danses et le bruit ne cessaient pas ; mais il régnait une sorte d'ennui, de malaise, tout le monde pensait Dieu sait pourquoi (comme cela arrive souvent) que ce n'était pas ça, et que tout ça était bien inutile.

Les nouveaux venus avaient tenté à plusieurs reprises d'y mettre un peu plus de gaieté, mais la gaieté affectée était encore pire que l'ennui.

L'un des cinq jeunes gens, plus mécontent de lui-même, des autres et de toute la soirée que ses compagnons, se leva avec un sentiment de dégoût, prit son chapeau et sortit de la salle avec l'intention de s'en aller sans se faire remarquer.

Dans l'antichambre, il n'y avait personne, mais dans la pièce voisine, à travers la porte, il entendit deux voix qui se disputaient. Le jeune homme s'arrêta et écouta.

— C'est impossible, il y a des invités, faisait une voix de femme.

— Laissez-moi passer, s'il vous plaît, je ne ferai rien ! suppliait faiblement une voix d'homme.

— Non, je ne vous laisserai pas entrer sans l'autorisation de la Madame, disait la femme. — Où allez-vous donc ? Voulez-vous !

La porte s'ouvrit, et une étrange silhouette masculine apparut sur le seuil. Apercevant l'invité, la servante cessa de le retenir, et l'étrange personnage, avec un timide salut, chancelant sur ses jambes pliées aux genoux, entra dans la pièce. C'était un homme de taille moyenne, au dos étroit et voûté et aux longs cheveux ébouriffés. Il portait un court paletot et un étroit pantalon déchiré surmontant des bottes rugueuses et sales. Une cravate tordue en ficelle entourait un long cou blanc. Une chemise sale d'où sortaient des mains décharnées dépassait des manches du paletot. Mais, malgré l'extrême maigreur du corps, la chair du visage était tendre, blanche, et ses joues s'irisaient même d'une fraîche teinte rosée, au-dessus d'une barbe peu fournie et de favoris noirs. Ses cheveux en désordre, rejetés vers le haut, découvraient un front bas et extraordinairement pur. Ses yeux sombres exprimant la fatigue regardaient droit devant lui avec douceur, humilité et gravité en même temps. Leur expression se fondait agréablement à celle des lèvres fraîches, aux coins fléchis, qui apparaissaient sous une moustache peu fournie.

Ayant fait quelques pas il s'arrêta, se tourna vers le jeune homme et sourit. Son sourire paraissait lui coûter un effort, mais lorsqu'il illumina son visage, le jeune homme — sans savoir pourquoi — sourit lui aussi.

— Qui est-ce donc ? demanda-t-il à voix basse à la servante lorsque l'étrange personnage fut entré dans la pièce où s'entendaient les danses.

— Un musicien un peu dérangé, de l'orchestre du théâtre, répondit la servante, — il vient quelquefois voir la patronne.

— Où es-tu parti, Délessov ? l'appelait-on cependant.

Le jeune homme que l'on appelait Délessov revint dans la salle.

Le musicien se tenait près de la porte et, tandis qu'il regardait les danseurs, son sourire, son regard et le mouvement de ses pieds qui marquaient le rythme de la danse montraient le plaisir qu'il prenait à ce spectacle.

— Eh bien, venez danser vous aussi, lui dit l'un des invités. Le musicien s'inclina et regarda la maîtresse de maison d'un air interrogateur.

— Allez, allez-y donc, puisque ces messieurs vous y invitent, intervint la maîtresse de maison.

Les membres grêles et sans force du musicien furent saisis soudain d'une intense agitation et, avec des clins d'œil, des sourires et des gestes désordonnés, il se mit à sauter lourdement et maladroitement à travers la salle. Au milieu d'un quadrille, un joyeux officier, qui dansait avec beaucoup de grâce et d'inspiration, le heurta involontairement de son dos. Les jambes faibles et fatiguées du musicien ne parvinrent pas à le maintenir en équilibre, et, après quelques pas titubants de côté, il s'étala de tout son long sur le parquet. Malgré le bruit sec et violent qu'avait produit sa chute, presque tout le monde commença par rire.

Mais le musicien ne se levait pas. Les invités se turent, le piano cessa même de jouer, et Délessov et la maîtresse de maison furent les premiers à accourir auprès de lui. Il était appuyé sur son coude et fixait le sol d'un regard éteint. Une fois relevé et assis sur une chaise, il écarta ses cheveux de son front d'un mouvement rapide de sa main osseuse et se mit à sourire sans rien répondre aux questions.

— Monsieur Albert ! Monsieur Albert ! disait la maîtresse de maison. — Dites, vous vous êtes fait mal ? Où ? Je disais bien que vous ne devriez pas danser. Il est si faible, continuait-elle en s'adressant aux invités, — il a du mal à marcher, comment pourrait-il ?

— Qui est-ce ? demandait-on à l'hôtesse.

— Un pauvre homme, un artiste. Un très brave homme, mais pitoyable, comme vous voyez.

Elle disait cela sans se gêner devant le musicien. Celui-ci revint à lui et, comme si quelque chose lui avait fait peur, se recroquevilla et écarta ceux qui l'entouraient.

— Tout ça n'est rien ! dit-il soudain en se levant, avec un effort manifeste.

Et pour prouver qu'il n'avait pas mal du tout, il s'avança au milieu de la salle et voulut faire un saut, mais il trébucha et serait de nouveau tombé si on ne l'avait pas retenu.

Tout le monde se sentit mal à l'aise ; tout le monde le regardait et se taisait.

Le regard du musicien s'éteignit de nouveau. Il avait manifestement oublié ceux qui l'entouraient, et se frottait le genou. Soudain il leva la tête, avança un pied tremblant, rejeta ses cheveux en arrière du même geste trivial et, s'approchant du violon, lui prit son instrument.

— Tout ça n'est rien, répéta-t-il encore, en brandissant son violon, — Messieurs, nous allons musiquer.

— Quel étrange personnage ! se disaient les invités.

— C'est peut-être un grand talent qui se perd dans cet être malheureux ! dit l'un d'entre eux.

— Oui, il fait peine à voir ! disait un autre.

— Quel beau visage !... Il a quelque chose d'extraordinaire, disait Délessov, — attendez, on va voir...

II

Albert, pendant ce temps-là, ne prêtant attention à personne, le violon appuyé contre son épaule, l'accordait en marchant lentement le long du piano. Ses lèvres serrées exprimaient l'impassibilité, et on ne voyait pas ses yeux. Mais son dos osseux et étroit, son long cou blanc, ses jambes torses et sa tête aux cheveux noirs ébouriffés offraient un spectacle étrange, et qui, Dieu sait pourquoi, n'avait rien de risible. Ayant accordé son violon, il prit vivement un accord, et, rejetant la tête en arrière, se tourna vers le pianiste, qui s'était préparé à l'accompagner.

— *Mélancolie en* ré *majeur* ! fit-il en s'adressant à lui avec un geste de commandement.

Et aussitôt après, comme s'il demandait pardon pour ce geste impérieux, il sourit avec douceur et tourna ce sourire vers le public. Rejetant ses cheveux en arrière de la main dont il tenait l'archet, Albert s'arrêta devant le coin du piano et caressa les cordes d'un mouvement continu. Un son pur et plein traversa la pièce, et le silence se fit.

Les notes du thème s'écoulèrent avec aisance et grâce à la suite de la première, illuminant soudain d'une clarté étonnamment limpide et apaisante le monde intérieur de chacun. Pas une fausse note, pas une sonorité excessive qui vînt troubler les auditeurs subjugués, tous les sons étaient clairs, gracieux et pleins de sens. Tout le monde suivait en silence, avec le frémissement de l'espoir, le développement de la mélodie. De l'état d'ennui, de distraction bruyante et de sommeil de l'âme où se trouvaient ces gens, ils étaient soudain transportés sans le savoir dans un monde tout différent, oublié. Tantôt ils sentaient se lever dans leur âme une sensation de contemplation paisible du passé, tantôt c'était le souvenir passionné d'un moment de bonheur, tantôt un besoin infini de pouvoir et d'éclat, tantôt un sentiment de soumission, d'amour insatisfait et de tristesse. Les sons, tantôt tristement tendres, tantôt follement impétueux, se mêlant librement, s'écoulaient les uns après les autres avec tant de grâce, d'énergie et de force inconsciente que ce que chacun entendait, ce n'étaient pas des sons, mais un flot exquis de poésie, connue de lui depuis longtemps mais exprimée ici pour la première fois, et qui se déversait spontanément dans son âme. À chaque note, Albert paraissait grandir. Il n'était plus grotesque ni étrange. Il serrait le violon sous son menton et prêtait l'oreille aux sons que celui-ci émettait avec une expression d'attention passionnée, tandis que ses jambes s'agitaient fiévreusement. Tantôt il se redressait de toute sa taille, tantôt il courbait le dos avec application. Au bout de son bras gauche crispé qui paraissait figé dans sa position, seuls s'agitaient convulsivement ses doigts osseux ; son bras droit était animé d'un mouvement continu, gracieux et imperceptible. Son visage brillait d'une joie ininterrompue et extasiée ; ses yeux brûlaient d'un éclat lumineux et sec, ses narines se dilataient, ses lèvres rouges s'entrouvraient de plaisir.

Parfois sa tête se penchait davantage vers le violon, ses yeux se fermaient et son visage à moitié recouvert par sa chevelure s'éclairait d'une lueur de douce félicité. Parfois il se redressait brusquement, avançant une jambe ; son front pur ainsi que le regard brillant dont il embrassait la salle éclataient de fierté, de grandeur, de conscience de son pouvoir. Une fois, le pianiste se trompa dans un accord. Une expression de douleur physique se marqua dans toute la posture et sur le visage du violoniste. Il s'arrêta un instant et, avec une expression de colère enfantine, s'écria en tapant du pied :

— Mineur, *sol* mineur !

Le pianiste rectifia, Albert ferma les yeux, sourit et, de nouveau, oublieux de lui-même, des autres et du monde entier, s'abandonna avec béatitude à ce qu'il faisait.

Tous ceux qui se trouvaient dans la pièce pendant qu'Albert jouait observaient un silence soumis et paraissaient ne vivre et ne respirer que par ses sons.

Le joyeux officier, assis près de la fenêtre, restait immobile sur sa chaise, fixant le sol d'un regard absent, et, à de longs intervalles, reprenait lourdement son souffle. Les jeunes filles assises le long du mur gardaient un silence absolu et échangeaient seulement de temps à autre un regard où l'approbation tournait à la stupéfaction. La figure épaisse et souriante de la maîtresse de maison fondait de plaisir. Le pianiste avait les yeux rivés sur le visage d'Albert et s'efforçait de le suivre, toute sa silhouette tendue vers lui exprimant la crainte de se tromper. L'un des invités, qui avait bu plus que les autres, était couché à plat ventre sur le divan et s'efforçait de ne pas bouger pour ne pas trahir son trouble. Délessov éprouvait un sentiment inhabituel. Un cercle froid qui tantôt se rétrécissait, tantôt s'élargissait, enserrait sa tête. Il sentait les racines de ses cheveux, le froid remontait le long de son dos, quelque chose montait à sa gorge et remontait de plus en plus haut, lui piquant le palais et le nez comme de fines aiguilles, et des larmes qu'il ne sentait pas couler lui mouillaient les joues. Il se secouait, essayait de les retenir et de les essuyer, mais il lui en venait toujours de nouvelles qui ruisselaient le long de son visage. Par un étrange enchaînement d'impressions, les premiers sons du violon d'Albert avaient transporté Délessov au temps de sa première jeunesse. Lui, l'homme fait, fatigué de la vie, exténué, s'était senti redevenir le jeune garçon de dix-sept ans qu'il avait été, beau et content de lui, béatement sot et plein d'un bonheur fait d'inconscience. Il revoyait son premier amour pour une cousine dans sa petite robe rose, sa première déclaration dans l'allée de tilleuls, la fièvre et l'enchantement incompréhensible d'un baiser échangé par hasard, l'ensorcellement et le mystère irrésolu de la nature qui l'entourait alors. Dans son imagination revenue en arrière, *elle* brillait dans le brouillard des espoirs les plus vagues, des désirs incompréhensibles et de la foi inébranlable en la possibilité d'un impossible bonheur. Toutes les minutes de ce temps qu'il n'avait pas su apprécier surgissaient l'une après l'autre devant lui, mais pas comme les instants sans signification du temps qui court, mais comme des images du passé, figées, grandies et pleines de reproches. Il les contemplait avec volupté et pleurait — non parce que le temps avait passé et qu'il aurait pu mieux l'employer (si on le lui avait rendu, il n'était pas sûr de pouvoir mieux faire), mais il pleurait seulement parce que ce temps avait passé et ne reviendrait jamais plus. Les souvenirs surgissaient d'eux-mêmes, et le violon d'Albert disait toujours la même chose. Il disait : « Il est passé pour toi, il est passé à jamais, le temps de la force, de l'amour et du bonheur, il est passé et ne reviendra plus. Pleure-le, pleure toutes tes larmes, meurs au milieu des larmes pour ce temps-là — c'est le seul bonheur qui te reste, et le meilleur. »

Vers la fin de la dernière variation, le visage d'Albert devint rouge ; ses yeux brillaient d'un éclat qui ne faiblissait pas, de grosses gouttes de sueur ruisselaient le long de ses joues. Les veines de son front s'étaient enflées, son corps tout entier s'agitait, ses lèvres pâles ne se refermaient plus et toute sa silhouette exprimait un besoin exalté de jouissance.

Ayant imprimé à tout son corps un mouvement passionné et secoué sa chevelure, il laissa retomber son violon et parcourut l'assistance d'un sourire de fière majesté et de bonheur. Puis son dos se courba, sa tête s'abaissa, ses lèvres se fermèrent, ses yeux perdirent leur éclat et, comme s'il avait honte de lui-même, se retournant avec des regards timides et s'emmêlant les jambes, il passa dans l'autre pièce.

III

Chez tous ceux qui étaient là, il s'était passé quelque chose d'étrange, et on sentait quelque chose d'étrange dans le silence de mort qui s'instaura lorsque Albert eut cessé de jouer. On eût dit que chacun aurait voulu, mais ne savait pas exprimer ce que tout cela signifiait. Que pouvaient donc bien signifier cette pièce bien éclairée et chaude, ces femmes brillantes, l'aube aux fenêtres, le sang échauffé et la pure impression des sons qui l'avaient remplie ? Mais personne ne tenta même de dire ce que tout cela signifiait : au contraire, presque tout le monde, ne se sentant pas la force de passer entièrement du côté de ce que leur avait découvert cette nouvelle impression, s'insurgeait contre elle.

— Mais c'est qu'il joue vraiment bien, dit l'officier.

— Étonnamment ! répondit Délessov, en s'essuyant les joues à la dérobée du revers de sa manche.

— Cela dit, il est temps de s'en aller, messieurs, dit, un peu revenu à lui, celui qui était resté allongé sur le divan. — Il va falloir lui donner quelque chose, messieurs. Faisons une collecte.

Albert, cependant, était assis tout seul sur le divan de l'autre pièce. Les coudes appuyés sur ses genoux osseux, il se caressait le visage de ses mains sales et trempées de sueur, faisait bouffer ses cheveux et souriait tout seul d'un sourire de béatitude.

La quête fut abondante, et Délessov s'offrit à la lui présenter.

En outre, la musique avait fait sur lui une impression si forte et si inhabituelle, que le désir lui était venu de faire du bien à cet homme. Il eut l'idée de l'emmener chez lui, de l'habiller, de lui trouver une place — bref, de le sortir de cette situation sordide.

— Eh bien, vous êtes fatigué ? demanda Délessov en s'approchant du musicien.

Albert souriait.

— Vous avez effectivement du talent ; vous

devriez faire sérieusement de la musique, jouer en public.

— Je boirais bien quelque chose, dit Albert, paraissant se réveiller.

Délessov apporta du vin, et le musicien en but deux verres avec avidité.

— Quel bon vin ! dit-il.

— Quelle chose merveilleuse que cette *Mélancolie* ! fit Délessov.

— Oh oui, oui, répondit Albert en souriant, — mais excusez-moi, je ne sais pas à qui j'ai l'honneur de parler ; vous êtes peut-être comte ou prince : vous ne pourriez pas me prêter un peu d'argent ? — Il se tut un instant. — Je n'ai rien, je suis pauvre. Je ne pourrai pas vous le rendre.

Délessov rougit, il se sentit gêné, et il remit rapidement au musicien l'argent de la collecte.

— Je vous remercie beaucoup, dit Albert, en saisissant l'argent. — Et maintenant, allons musiquer ; je vais vous jouer aussi longtemps que vous voudrez. Mais si c'était possible de boire encore quelque chose, ajouta-t-il en se levant.

Délessov lui apporta encore du vin et le pria de s'asseoir auprès de lui.

— Excusez-moi d'être franc, fit-il : votre talent m'a tellement intéressé. Il me semble que votre situation n'est pas bonne ?

Le regard d'Albert courait de Délessov à la maîtresse de maison qui venait d'entrer dans la pièce.

— Permettez-moi de vous proposer mes services, continuait Délessov. — Si vous manquez de quelque chose, je serais très heureux que vous

vous installiez quelque temps chez moi. Je vis seul, et je pourrais peut-être vous être utile.

Albert souriait et ne répondait rien.

— Qu'est-ce que vous attendez pour dire merci, fit la maîtresse de maison. — Bien sûr, pour vous c'est un bienfait. Mais je ne vous le conseillerais pas, continua-t-elle en se tournant vers Délessov et en secouant la tête d'un geste de dénégation.

— Je vous suis très reconnaissant, dit Albert en lui serrant la main de ses mains humides, — mais à présent, allons s'il vous plaît faire de la musique.

Mais les autres invités étaient déjà sur le point de partir, et Albert eut beau essayer de les convaincre, ils se dirigèrent vers l'antichambre.

Albert fit ses adieux à la maîtresse de maison et, ayant mis un chapeau usé à larges bords et une vieille pèlerine d'été, tout ce qu'il avait en fait de vêtements d'hiver, il sortit sur le perron avec Délessov.

Lorsque celui-ci se fut installé dans sa calèche avec sa nouvelle connaissance, et qu'il sentit l'odeur avinée et malpropre dont le musicien était imprégné, il commença à se repentir de son geste et à s'accuser de sensiblerie et de légèreté puériles. En outre, tout ce que disait Albert était si sot et si plat, et, une fois au grand air, il s'était trouvé soudain dans un état d'ivresse si répugnant que Délessov en eut la nausée. « Qu'est-ce que je vais pouvoir faire de lui ? » se dit-il.

Au bout d'un quart d'heure, Albert cessa de parler, son chapeau tomba à ses pieds et lui-même s'affala dans un coin de la calèche et se mit à ronfler. Les roues grinçaient régulièrement sur la neige glacée ; la lueur de l'aube pénétrait à peine à travers les fenêtres givrées.

Délessov se retourna vers son voisin. Le long corps inerte recouvert de sa pèlerine était allongé devant lui. Il eut l'impression de voir se balancer au bout de ce tronc une longue tête avec un grand nez sombre ; mais, l'observant de plus près, il vit que ce qu'il avait pris pour un visage et un nez étaient des cheveux, et que le visage véritable se trouvait plus bas. Il se pencha et en distingua les traits. Et il fut de nouveau frappé par la beauté du front et de la bouche aux lèvres paisiblement refermées.

Sous l'effet de la fatigue nerveuse, de la nuit blanche qu'il venait de passer et de la musique qu'il venait d'entendre, il se transporta de nouveau, en regardant ce visage, dans ce monde plein de félicité qu'il avait entrevu au cours de la nuit ; de nouveau, il revit le temps heureux et généreux de sa jeunesse, et il cessa de se repentir de son geste. En cet instant, il aimait Albert d'un amour sincère et chaleureux, et avait fermement décidé de lui faire du bien.

IV

Le lendemain matin, lorsqu'on le réveilla pour aller à son travail, Délessov fut surpris et contrarié de voir près de son lit son vieux paravent, son vieux domestique et l'horloge placée sur sa table de nuit. « Qu'est-ce que je voudrais donc voir, si ce n'est pas ce qui m'entoure toujours ? » se demanda-t-il. C'est alors qu'il se souvint des yeux noirs et du sourire de béatitude du musicien ; le motif de *Mélancolie* et toute l'étrange nuit précédente se présentèrent de nouveau à son imagination.

Mais il n'avait pas le temps de se demander s'il avait bien fait d'amener avec lui le musicien. Tout en s'habillant, il faisait son emploi du temps de la journée : il prit ses papiers, donna aux domestiques les ordres nécessaires, puis il enfila à la hâte son manteau et mit ses caoutchoucs. En passant devant la salle à manger, il regarda par la porte entrebâillée. Albert, le visage enfoncé dans un oreiller, s'étalait, avec sa chemise sale et déchirée, sur le divan de maroquin où, la veille au soir, on l'avait étendu sans le réveiller, et il dormait d'un sommeil de plomb. « Il y a là quelque chose qui ne va pas », se dit malgré lui Délessov.

— Passe de ma part chez Boriouzovski, dit-il à son domestique, — emprunte-lui un violon pour un jour ou deux, et lorsqu'il sera réveillé, fais-lui boire du café et trouve-lui dans mes vieilles affaires du linge et des vêtements. Et en général, veille à ce qu'il ne manque de rien. S'il te plaît.

Revenu chez lui tard dans la soirée, Délessov, à sa grande surprise, n'y trouva pas Albert.

— Où est-il donc ? demanda-t-il à son domestique.

— Il est parti tout de suite après le déjeuner, répondit le domestique, — il a pris le violon et il est parti ; il a promis de revenir dans une heure, mais il n'est toujours pas là.

— Tss ! Tss ! C'est bien ennuyeux, fit Délessov.
— Comment as-tu pu le laisser sortir, Zakhar ?

Zakhar était un laquais pétersbourgeois, au service de Délessov depuis huit ans déjà. Célibataire vivant seul, celui-ci lui confiait sans y penser ses intentions, et aimait connaître son opinion sur tout ce qu'il entreprenait.

— Comment me serais-je permis de ne pas le laisser sortir, répondit Zakhar en jouant avec le cachet de sa montre. — Si vous m'aviez dit, Dmitri Ivanovitch, qu'il fallait le retenir, j'aurais pu l'occuper à la maison. Mais vous n'avez parlé que des vêtements.

— Tss ! Comme c'est ennuyeux ! Et qu'est-ce qu'il a fait pendant que je n'étais pas là ?

Zakhar eut un petit rire.

— Ça, pour un artiste, c'est un artiste, Dmitri Ivanovitch. Aussitôt réveillé, il a demandé du madère, ensuite il s'est occupé tout le temps avec la cuisinière et le domestique des voisins. Il est drôle... Mais c'est un très bon caractère. Je lui ai servi du thé, je lui ai apporté à déjeuner, il n'a rien voulu manger tout seul, il voulait tout le temps que je mange avec lui. Mais pour ce qui est de jouer du violon, c'est bien vrai que des artistes comme lui, Isler[1] n'en a pas beaucoup. Un musicien comme ça, ça peut s'entretenir. Comment il nous a joué la ballade de Stenka Razine[2], on aurait dit quelqu'un qui pleurait ! C'était trop beau ! Les

1. Isler : propriétaire d'une entreprise d'eaux minérales artificielles et d'un café chantant près de Saint-Pétersbourg.
2. La ballade de Stenka Razine : air très populaire.

gens sont même venus dans l'entrée de tous les étages pour l'écouter.

— Bon, et tu l'as habillé ? l'interrompit son maître.

— Comment donc ; je lui ai mis votre chemise de nuit et mon manteau. Ça c'est quelqu'un qu'on peut aider, un brave homme, vrai. — Zakhar sourit. — Il me demandait tout le temps quel grade vous aviez, et si vous aviez des relations. Et combien vous possédiez de paysans.

— Bon, ça va, mais il va falloir maintenant le retrouver et ne plus rien lui donner à boire, sans ça ce sera encore pire.

— C'est bien vrai, l'interrompit Zakhar, — il n'a pas beaucoup de santé, c'est clair, nous avions comme ça chez mon ancien patron un commis...

Délessov, qui connaissait depuis longtemps l'histoire du commis et de ses crises d'éthylisme, ne laissa pas Zakhar la terminer et, lui ayant fait préparer ce qu'il fallait pour la nuit, il l'envoya à la recherche d'Albert avec la mission de le ramener.

Il se coucha, éteignit la bougie, mais longtemps ne put s'endormir en pensant toujours à Albert. « Bien que cela puisse paraître étrange à beaucoup de mes amis, se disait Délessov, — mais c'est si rare que l'on fasse quelque chose pour autrui, qu'il faut remercier le bon Dieu lorsque l'occasion se présente, et je ne veux pas la laisser passer. Je ferai tout, absolument tout ce que je peux pour l'aider. Peut-être qu'il n'est pas fou, mais seulement alcoolique ? Ça ne me coûtera pas cher du tout : là où il y en a pour un, il y en a pour deux. Qu'il vive d'abord un peu chez moi, et ensuite nous lui trouverons une place ou lui arrangerons un concert, on le remettra à flot et après on verra. »

Un agréable sentiment de satisfaction de soi s'empara de lui à la suite de ce raisonnement.

« C'est vrai, je ne suis pas du tout quelqu'un de mauvais, pensa-t-il. — Je suis même quelqu'un de pas mauvais du tout, quand je me compare à d'autres... »

Il était déjà en train de s'endormir, lorsque le bruit d'une porte qui s'ouvrait et de pas dans l'antichambre le réveilla.

« Allons, je vais lui faire un peu la leçon, pensa-t-il, — ça vaut mieux ; et c'est mon devoir. »

Il sonna, et Zakhar entra.

— Alors, tu l'as ramené ? lui demanda-t-il.

— C'est quelqu'un qui fait pitié, Dmitri Ivanovitch, dit Zakhar en secouant la tête d'un geste entendu et en fermant les yeux.

— Il est saoul ?

— Il est très faible.

— Et le violon, il l'a ?

— Je l'ai rapporté, la dame me l'a remis.

— Bon, ne le laisse pas entrer dans ma chambre ce soir, s'il te plaît, mets-le au lit, et demain, ne le laisse pas sortir de la maison.

Mais Zakhar n'était pas sorti qu'Albert entrait à son tour dans la chambre.

V

— Vous dormez déjà ? fit Albert en souriant. — Moi j'ai été là-bas, chez Anna Ivanovna. J'ai passé une soirée très agréable : nous avons musiqué, nous avons ri, il y avait une société très agréable. Permettez-moi de boire un verre ajouta-t-il en saisissant la carafe d'eau posée sur la table de nuit, — mais pas de l'eau.

Albert était exactement comme la veille : le même beau sourire dans les yeux et sur les lèvres, le même front clair et inspiré, la même faiblesse des bras et des jambes. Le manteau de Zakhar était juste à sa taille, et le long col souple tout propre de la chemise de nuit s'ouvrait gracieusement autour de son mince cou blanc, lui donnant quelque chose de particulièrement enfantin et innocent. Il s'assit sur le bord du lit de Délessov et le fixa en silence, avec un sourire de joie et de reconnaissance. Délessov le regarda dans les yeux et soudain se sentit de nouveau subjugué par son sourire. Il cessa d'avoir sommeil, oublia son devoir d'être sévère, il eut envie au contraire de s'amuser, d'écouter de la musique et de bavarder amicalement avec Albert jusqu'au matin s'il le fallait. Il ordonna à Zakhar d'apporter une bouteille de vin des cigarettes et le violon.

— Voilà qui est parfait, dit Albert, — il est encore tôt, nous allons faire de la musique, je vais vous jouer aussi longtemps que vous voudrez.

Avec une satisfaction visible, Zakhar apporta une bouteille de château-lafite, deux verres, des cigarettes légères, de celles que fumait Albert, et le violon. Mais au lieu d'aller se coucher, comme le lui avait commandé son maître, il alluma un cigare et resta assis dans la pièce voisine.

— Causons plutôt, dit Délessov au musicien qui avait déjà pris le violon.

Albert s'assit docilement sur le lit et, de nouveau, sourit joyeusement.

— Ah oui, dit-il soudain en se frappant le front et en prenant une expression de curiosité préoccupée (l'expression de son visage annonçait toujours ce qu'il allait dire). — Permettez-moi de vous demander... — il s'arrêta un instant — ce monsieur qui était là-bas avec vous, hier... vous l'avez appelé N., serait-ce le fils du fameux N. ?

— Son propre fils, répondit Délessov, se demandant en quoi cela pouvait bien intéresser Albert.

— C'est bien ce que je pensais, dit-il avec un sourire satisfait, — j'ai tout de suite remarqué dans ses manières quelque chose de particulièrement aristocratique. J'aime les aristocrates : un aristocrate, ça frappe tout de suite par quelque chose de beau et de raffiné. Et cet officier qui danse si bien, poursuivit-il, — il m'a beaucoup plu lui aussi, il est si gai et si distingué. C'est l'aide de camp de N., je crois ?

— Lequel ? demanda Délessov.

— Celui auquel je me suis cogné quand nous dansions. Ça doit être un homme remarquable.

— Non, c'est quelqu'un d'insignifiant, répondit Délessov.

— Oh non ! fit Albert, prenant avec feu sa défense, — il a aussi quelque chose de très, très agréable, et c'est un merveilleux musicien, ajouta-t-il, — il a joué là-bas quelque chose qui sortait d'un opéra. Il y avait longtemps que quelqu'un ne m'avait pas plu autant.

— Oui, il joue bien, mais je n'aime pas son jeu, dit Délessov, qui voulait entendre son interlocuteur parler de musique, — il ne comprend pas la musique classique ; parce que Donizetti et Bellini, ce n'est tout de même pas de la musique. Vous êtes bien d'accord ?

— Oh non, non, excusez-moi, fit Albert sur un ton de doux plaidoyer, — la musique ancienne, c'est de la musique, et la musique moderne, c'est aussi de la musique. Et il y a dans la musique moderne des beautés extraordinaires : et *La Somnambule*[1] ?! Et le finale de *Lucia*[2] ?! Et Chopin ?! Et *Robert*[3] ?! Je pense souvent... — il s'arrêta un instant, tâchant manifestement de rassembler ses idées — que si Beethoven était là, il pleurerait de joie, je vous assure, en écoutant *La Somnambule*. Il y a de belles choses partout. J'ai écouté pour la première fois *La Somnambule* lorsque Viardot[4] et Rubini[5] étaient là, — c'était comme ça, dit-il, les yeux brillants, et en faisant des deux mains le geste d'arra-

1. *La Somnambule*, opéra de Bellini (1801-1835).
2. *Lucia di Lammermoor*, opéra de Donizetti (1797-1848).
3. *Robert le Diable*, opéra de Meyerbeer (1791-1864).
4. Pauline Viardot-Garcia (1821-1910), cantatrice célèbre, amie de Tourguéniev.
5. Giovanni Battista Rubini (1794-1854), chanteur d'opéra italien.

cher quelque chose à sa poitrine. — Encore un peu, et on n'aurait pas pu le supporter.

— Bon, et l'opéra de maintenant, comment le trouvez-vous ? demanda Délessov.

— Bosio[1] est bien, très bien, répondit-il, extraordinairement distinguée, mais elle ne vous touche pas ici, fit-il en désignant sa maigre poitrine. — Pour faire une chanteuse, il faut de la passion, et elle n'en a pas. Elle vous réjouit, mais ne vous tourmente pas.

— Et Lablache[2] ?

— Je l'ai entendu, encore à Paris, dans *Le Barbier de Séville*[3] ; à l'époque, il était unique, mais maintenant il est trop vieux — il ne peut pas être artiste, il est trop vieux pour ça.

— Qu'est-ce que ça peut faire qu'il soit vieux, il est tout même bon dans les *morceaux d'ensemble*[4], dit Délessov, qui disait toujours cela de Lablache.

— Comment, qu'est-ce que ça peut faire qu'il soit vieux ? répliqua sévèrement Albert. — Il ne doit pas être vieux. Un artiste ne doit pas être vieux. L'art a besoin de beaucoup de choses, mais surtout de feu ! dit-il, le regard étincelant, en levant les deux bras au ciel.

Et en effet, il paraissait brûler tout entier d'un terrible feu intérieur.

1. Angelina Bosio (1824-1859), cantatrice italienne, morte à Saint-Pétersbourg d'un refroidissement. Mandelstam l'évoquera dans *Le Timbre égyptien* et dans un poème de *Tristia*.
2. Luigi Lablache (1794-1858), chanteur d'opéra.
3. *Le Barbier de Séville*, opéra de Rossini (1792-1868).
4. En français dans le texte.

— Ah, mon Dieu, fit-il soudain, — vous ne connaissez pas Pétrov, le peintre ?

— Non, je ne le connais pas, répondit Délessov en souriant.

— Comme j'aimerais que vous fassiez sa connaissance ! Vous auriez plaisir à lui parler. Comme il comprend l'art, lui aussi ! On se rencontrait souvent chez Anna Ivanovna, mais à présent, elle a l'air d'être fâchée avec lui. Mais moi, j'aimerais beaucoup que vous fassiez sa connaissance. C'est un grand, un très grand talent.

— Il peint des tableaux ? demanda Délessov.

— Je ne sais pas ; non, je pense, mais il a été à l'Académie. Quelles pensées il a ! Quelquefois, quand il parle, c'est étonnant. Oh, Pétrov est un grand talent, mais seulement il mène une vie très joyeuse. C'est ça qui est dommage, ajouta Albert en souriant. Puis il se leva du lit, prit son violon et commença à l'accorder.

— Dites, il y a longtemps que vous n'avez pas été à l'Opéra ? lui demanda Délessov.

Albert se retourna et soupira.

— Ah, je ne peux plus y aller, dit-il en se prenant la tête dans les mains. Il s'assit de nouveau auprès de Délessov. — Je vais vous dire, prononça-t-il presque à voix basse : — je ne peux pas y aller, je ne peux pas y jouer, je n'ai rien, rien — pas de vêtements, pas d'appartement, pas de violon. Sale vie ! Sale vie ! répéta-t-il plusieurs fois. — Et puis pourquoi irais-je ? À quoi bon ? Ce n'est pas la peine, dit-il en souriant. — Ah, *Don Juan* !

Et il se frappa la tête.

— Eh bien, allons-y un jour ensemble, dit Délessov.

Albert, sans répondre, bondit, saisit le violon et se mit à jouer le finale du premier acte de *Don Juan*, tout en racontant l'histoire.

Délessov sentit ses cheveux se dresser sur sa tête lorsque le musicien joua la voix du commandeur mourant.

— Non, je ne peux pas jouer ce soir, dit-il en posant son violon, — j'ai trop bu.

Mais aussitôt il alla vers la table, se versa un demi-verre de vin, le but d'un trait et se rassit sur le lit de Délessov.

Délessov ne le quittait pas des yeux ; Albert souriait parfois, et Délessov souriait aussi. Ils se taisaient l'un et l'autre ; mais leur regard et leur sourire les rapprochaient de plus en plus dans une relation d'amour. Délessov sentait qu'il aimait de plus en plus cet homme et en éprouvait une joie incompréhensible.

— Il vous est arrivé d'être amoureux ? demanda-t-il soudain.

Albert resta pensif quelques secondes, puis son visage s'éclaira d'un sourire de tristesse. Il se pencha vers Délessov et le regarda attentivement dans les yeux.

— Pourquoi m'avez-vous demandé cela ? murmura-t-il. — Mais je vais tout vous raconter, vous m'avez plu, continua-t-il, après l'avoir fixé des yeux un instant et jeté un regard à la ronde. — Je ne veux pas vous tromper, je vais vous raconter tout ce qui s'est passé, depuis le début. — Il s'arrêta et ses yeux se figèrent étrangement, avec une expression de stupeur. — Vous savez que je n'ai pas toute ma tête, dit-il soudain. — Oui, oui, continua-t-il, Anna Ivanovna vous l'a sans doute raconté. Elle dit à tout le monde que je suis fou ! Ce n'est pas vrai, elle le dit en plaisantant elle est très bonne ; et c'est vrai que depuis quelque temps je ne suis pas tout à fait bien.

Albert se tut de nouveau et fixa la porte de bois sombre de ses yeux grands ouverts et immobiles.

— Vous m'avez demandé si j'avais été amoureux ? Oui, j'ai été amoureux, murmura-t-il, en levant les sourcils. — C'est arrivé il y a longtemps, à l'époque où j'avais encore une place au théâtre. Je jouais le second violon à l'Opéra, et elle venait dans une baignoire numérotée, du côté gauche.

Albert se leva et se pencha vers Délessov pour lui parler à l'oreille.

— Non, pourquoi dire son nom, fit-il. — Vous la connaissez sans doute, tout le monde la connaît. Je ne disais rien, je ne faisais que la regarder. Je sais que je suis un pauvre artiste, et elle une dame de l'aristocratie. Je le savais parfaitement. Je ne faisais que la regarder et ne pensais rien.

Albert devint songeur, tandis qu'il fouillait dans ses souvenirs.

— Comment c'est arrivé, je ne m'en souviens pas ; mais on m'a fait venir une fois pour l'accompagner au violon. Moi, un pauvre artiste ! dit-il en hochant la tête et en souriant. — Mais non, je ne sais pas raconter, je ne sais pas..., ajouta-t-il, en se prenant la tête dans les mains. — Comme j'étais heureux !

— Vous alliez souvent chez elle ? demanda Délessov.

— Une fois, une seule fois... mais c'est de ma faute, je suis devenu fou. Je suis un pauvre artiste, et elle une dame de l'aristocratie. Je n'aurais rien dû lui dire. Mais j'ai perdu la tête, j'ai fait une sottise. Depuis, tout est fini pour moi. Pétrov avait raison : il aurait mieux valu que je ne la voie qu'au théâtre...

— Qu'est-ce que vous avez donc fait ? demanda Délessov.

— Ah, attendez, attendez, je ne peux pas raconter ça.

Et, se couvrant des mains le visage, il se tut pendant quelques instants.

— Je suis arrivé en retard à l'orchestre. On avait bu avec Pétrov ce soir-là, et j'étais troublé. Elle était assise dans sa loge et parlait à un général. Je ne sais pas qui était ce général. Elle était assise tout au bord, elle avait le bras posé sur la rampe ; elle portait une robe blanche et un collier de perles. Elle lui parlait et me regardait. Deux fois elle m'a regardé. Elle était coiffée comme ça ; je ne jouais pas, je me tenais debout auprès de la basse et la regardais. C'est à ce moment-là que pour la première fois il m'est arrivé une chose étrange. Elle a souri au général et m'a regardé. Je sentais qu'elle parlait de moi, et tout d'un coup j'ai vu que je n'étais pas dans l'orchestre, mais dans la loge, que j'étais avec elle et que je lui tenais le bras, à cet endroit-là. Qu'est-ce que ça signifie ? demanda Albert après un silence.

— C'est le pouvoir de l'imagination, dit Délessov.

— Non, non… mais je ne sais pas le raconter, répondit Albert en plissant les sourcils. — J'étais déjà pauvre à ce moment-là, je n'avais pas de logement, et lorsque j'allais au théâtre, j'y passais quelquefois la nuit.

— Comment ? Au théâtre ? Dans cette grande salle vide, dans l'obscurité ?

— Ah, ces bêtises-là ne me font pas peur. Ah, attendez. Dès que tout le monde était parti, j'allais vers sa baignoire, et je dormais. C'était ma seule joie. Quelles nuits j'y ai passées ! Seulement, une fois, ça a recommencé. J'ai commencé à voir beaucoup de choses la nuit, mais je ne peux vous en raconter beaucoup. — Albert, les pupilles baissées, regardait Délessov. — Qu'est-ce que ça veut dire ? demanda-t-il.

— Étrange ! dit Délessov.

— Non, attendez, attendez ! — Il continua, en lui chuchotant à l'oreille. — Je baisais sa main, je pleurais, là, à côté d'elle, et je lui disais beaucoup de choses. Je sentais son parfum, j'entendais sa voix. Elle m'a dit beaucoup de choses en une seule nuit. Puis j'ai pris mon violon et je me suis mis à jouer doucement. Je jouais très bien. Mais tout d'un coup, j'ai eu peur. Je n'ai pas peur de ces bêtises et je n'y crois pas ; mais j'ai commencé à avoir peur pour ma tête, dit-il avec un sourire aimable et en se touchant le front de la main, — pour ma pauvre tête j'ai commencé à avoir peur : j'avais l'impression qu'il s'était passé quelque chose dans ma tête. Peut-être que ce n'est rien ? Qu'est-ce que vous en pensez ?

Ils se turent l'un et l'autre quelques instants.

Und wenn die Wolken sie verhüllen,
Die Sonne bleibt doch ewig klar[1],

chanta Albert, en souriant doucement. — N'est-ce pas vrai ? ajouta-t-il.

Ich auch habe gelebt und genossen[2],

Ah ! Le vieux Pétrov, comme il vous aurait expliqué tout ça.

Délessov regardait en silence et avec effroi le visage ému et tout pâle de son interlocuteur.

— Vous connaissez la *Juristen-Walzer* ? s'écria soudain Albert et, sans attendre la réponse, il bondit, saisit le violon et commença à jouer une valse joyeuse. Complètement absorbé par son jeu, et s'imaginant sans doute avoir derrière lui tout un orchestre, Albert souriait, se balançait, changeait de pied et jouait à ravir.

— Hé, assez de s'amuser ! dit-il, en s'arrêtant de jouer et en agitant son violon.

— J'y vais, dit-il après être resté assis en silence pendant quelques instants. — Vous ne venez pas, vous ?

— Où donc ? demanda Délessov, étonné.

— Retournons chez Anna Ivanovna — on s'amuse bien chez elle : il y a du bruit, des gens, de la musique.

1. Même si les nuages le recouvrent, le soleil reste toujours brillant (allemand).
2. Moi aussi j'ai vécu et joui (allemand).

Délessov fut d'abord sur le point d'accepter. Mais, se ravisant, il tenta de convaincre Albert de ne pas y aller ce soir.

— Ça serait juste pour un instant.

— Je vous assure qu'il ne faut pas y aller.

Albert soupira et posa son violon.

— Alors on reste ?

Il regarda encore la table (il n'y avait plus de vin) et, après avoir souhaité bonne nuit à Délessov, sortit.

Délessov sonna.

— Tu fais attention de ne pas laisser sortir Monsieur Albert sans me le demander, dit-il à Zakhar.

VI

Le lendemain était jour férié. Délessov, après son réveil, était assis dans son salon avec une tasse de café, et lisait un livre. Dans la pièce voisine, Albert n'avait pas encore bougé.

Zakhar ouvrit la porte avec précaution et jeta un regard dans la salle à manger.

— Vous me croirez ou non, Dmitri Ivanovitch, il dort comme ça, à même le divan ! Il ne voulait pas qu'on lui fasse son lit, je vous jure. Comme un petit enfant. Un artiste, je ne vous dis que ça !

Il était près de midi lorsque, de l'autre côté de la porte, on l'entendit se racler la gorge et tousser.

Zakhar retourna dans la salle à manger ; et le maître de maison entendit la voix douce de Zakhar et la voix faible et implorante d'Albert.

— Eh bien ? demanda-t-il à Zakhar lorsque celui-ci fut revenu.

— Il s'ennuie, Dmitri Ivanovitch ; il ne veut pas se laver, il a l'air tout maussade. Il demande tout le temps à boire.

— Non, maintenant que j'ai commencé, il faut tenir bon, se dit Délessov.

Et, évitant de lui faire servir du vin, il se remit à sa lecture, tout en prêtant l'oreille malgré lui à ce qui se passait dans la salle à manger. Rien ne bougeait, on entendait seulement, de temps à autre, une toux pénible venue du fond de la poitrine et des crachements. Deux heures passèrent. Délessov, s'étant habillé, décida, avant de sortir de la maison, de passer voir son hôte. Albert était assis près de la fenêtre, immobile, la tête dans les mains. Il se retourna. Son visage était jaune, tout ridé, et pas seulement triste, mais profondément malheureux. Il tenta de sourire en guise de salut, mais son visage prit une expression encore plus désolée. On avait l'impression qu'il était sur le point de pleurer. Il se leva péniblement et salua.

— Si je pouvais avoir un petit verre de simple vodka, dit-il d'une voix implorante, — je suis si faible... s'il vous plaît !

— Le café vous donnera plus de force. Croyez-moi.

Le visage d'Albert perdit soudain son expression enfantine ; il dirigea vers la fenêtre un regard froid et terne, et se laissa faiblement retomber sur sa chaise.

— Ou bien est-ce que vous ne voudriez pas déjeuner ?

— Non, merci, je n'ai pas d'appétit.

— Si vous avez envie de jouer du violon, vous ne me gênerez pas, fit Délessov en posant le violon sur la table.

Albert regarda le violon avec un sourire de mépris.

— Non, je suis trop faible, je ne peux pas jouer, dit-il en repoussant l'instrument.

Après quoi, comme Délessov lui proposait de sortir un peu et, le soir, d'aller au théâtre, il ne fit plus que s'incliner docilement et se taire avec obstination. Délessov sortit, fit quelques visites, dîna chez des amis et, avant d'aller au théâtre, passa chez lui pour s'habiller et voir ce que faisait le musicien. Albert était assis dans la pénombre de l'antichambre ; accoudé et la tête posée sur ses mains, il regardait allumer le poêle. Il était soigneusement vêtu, lavé et coiffé ; mais son regard était terne et sans vie, et toute sa silhouette trahissait plus de faiblesse et d'épuisement encore que le matin.

— Alors, vous avez dîné, monsieur Albert ? demanda Délessov.

Albert fit un signe de tête affirmatif et, levant les yeux vers le visage de Délessov, les baissa d'un air effrayé.

Délessov se sentit mal à l'aise.

— J'ai parlé tout à l'heure de vous au directeur, dit-il en baissant aussi les yeux. — Il serait très heureux de vous accueillir, si vous voulez bien qu'il vous écoute.

— Merci, mais je ne peux pas jouer, marmonna-t-il, et il se retira dans sa chambre en fermant la porte avec le moins de bruit possible.

Au bout de quelques instants, la poignée de la porte tourna de nouveau sans bruit, et il sortit de sa chambre avec son violon. Jetant un regard furtif et méchant à Délessov, il posa le violon sur la table et ressortit aussitôt.

Délessov haussa les épaules et sourit.

« Qu'est-ce que je peux faire de plus ? De quoi suis-je coupable ? » pensa-t-il.

— Eh bien, comment va le musicien ? fut la première question qu'il posa lorsque, tard dans la nuit, il revint chez lui.

— Mal ! fit Zakhar d'une voix forte et nette. — Il n'arrête pas de soupirer, de tousser, et ne dit rien, sinon qu'il m'a demandé cinq fois de la vodka. J'ai fini par lui en donner une. Sans quoi, Dmitri Ivanytch, on risque de lui faire arriver un malheur. C'est comme le commis...

— Et il ne joue pas du violon ?

— Il n'y touche même pas. Moi aussi, je le lui ai apporté deux fois, — il le prend doucement et le rapporte, répondit Zakhar en souriant. — Alors vous ne voulez pas qu'on lui serve à boire ?

— Non, attendons encore un jour, on va voir ce que ça va donner. Et maintenant, qu'est-ce qu'il fait ?

— Il s'est enfermé au salon.

Délessov passa dans son bureau, choisit quelques livres français et un Évangile en allemand.

— Mets-lui ça demain dans sa chambre, et surtout ne le laisse pas sortir, dit-il à Zakhar.

Le lendemain matin, Zakhar rapporta à son maître que le musicien n'avait pas dormi de la nuit : il n'avait cessé de déambuler dans l'appartement et d'entrer dans l'office, s'efforçant d'ouvrir l'armoire et la porte, mais par ses bons soins, tout était bien fermé. Zakhar racontait que, faisant semblant de dormir, il avait entendu Albert marmonner dans l'obscurité en agitant les bras.

De jour en jour, le musicien devenait plus sombre et plus silencieux. Il paraissait avoir peur de Délessov, et un effroi douloureux se peignait sur son visage lorsque leurs regards se croisaient. Il ne touchait ni aux livres, ni au violon, et ne répondait pas aux questions qu'on lui posait.

Au troisième jour de son séjour chez lui, Délessov revint tard, fatigué et préoccupé. Il avait passé la journée en courses et en démarches pour une affaire qui lui paraissait très simple et très facile, et, comme il arrive souvent, il ne l'avait pas fait avancer d'un pas, malgré des efforts acharnés. En outre, étant passé à son club, il avait perdu au whist. Il était de mauvaise humeur.

— Ah, qu'il aille au diable, après tout ! répondit-il à Zakhar qui lui expliquait dans quel triste état se trouvait Albert. — Demain, je l'obligerai à me dire une fois pour toutes s'il veut oui ou non rester chez moi et suivre mes conseils. S'il ne veut pas, c'est son affaire. Il me semble que j'ai fait ce que j'ai pu.

« Voilà ce que c'est que de faire du bien aux gens ! se disait-il à lui-même. Je me gêne pour lui, je garde dans ma maison cet être malpropre, si bien que le matin, je ne peux même pas recevoir chez moi un inconnu, je fais des démarches, je cours à droite et à gauche, et lui me considère comme une espèce de malfaiteur qui l'a enfermé dans une cage pour son plaisir. Et surtout — il ne fera pas le moindre geste pour lui-même. Ils sont tous comme ça (ce "tous" désignait les gens en général, et en particulier ceux auxquels il avait eu affaire dans la journée). Et qu'est-ce qui se passe dans sa tête en ce moment ? À quoi pense-t-il, qu'est-ce qu'il regrette ? La débauche à laquelle je l'ai arraché ? L'abaissement où il se trouvait ? La misère dont je l'ai sauvé ? Il est tombé si bas, manifestement, qu'il a du mal à supporter le spectacle d'une vie honorable… »

« Non, c'était un acte enfantin, décida Délessov. Est-ce à moi de corriger les autres, quand j'arrive tout juste à m'en tirer avec moi-même. » Il était sur le point de le laisser partir tout de suite, mais, après un instant de réflexion, il remit la décision au lendemain.

Au cours de la nuit, Délessov fut réveillé par le fracas d'une table renversée dans l'antichambre, par des voix et des bruits de pas. Il alluma sa chandelle et écouta avec étonnement…

— Attendez, je vais le dire à Dmitri Ivanovitch, disait Zakhar ; on entendait la voix d'Albert marmonner avec fougue des propos sans suite. Délessov bondit de son lit et, la bougie à la main, entra dans l'antichambre. Zakhar, en vêtement de nuit, se tenait devant la porte, Albert, coiffé de son chapeau et couvert de sa cape, essayait de l'écarter de la porte et criait d'une voix larmoyante :

— Vous ne pouvez pas m'empêcher de sortir ! J'ai un passeport, je n'ai rien volé chez vous ! Vous pouvez me fouiller ! Je vais aller trouver le chef de la police !

— Permettez, Dmitri Ivanovitch ! fit Zakhar en s'adressant à son maître, et en couvrant toujours la porte de son dos. — Monsieur s'est levé la nuit, a trouvé la clef dans mon manteau et a bu toute une carafe de liqueur. Est-ce que c'est bien, ça ? Et maintenant, Monsieur veut partir. Vous l'avez interdit, donc je ne peux pas le laisser passer.

Apercevant Délessov, Albert s'en prit encore plus violemment à Zakhar :

— Personne ne peut me retenir ! Personne n'en a le droit ! criait-il, haussant de plus en plus la voix.

— Écarte-toi, Zakhar, fit Délessov. — Je ne veux pas et ne peux pas vous retenir, mais je vous conseillerais de rester jusqu'à demain, fit-il en s'adressant à Albert.

— Personne ne peut me retenir ! Je vais aller trouver le chef de la police ! criait Albert de plus en plus fort, en s'adressant toujours à Zakhar et sans regarder Délessov. — Au secours ! hurla-t-il soudain d'une voix furieuse.

— Mais qu'est-ce que vous avez donc à crier comme ça ? On ne vous retient pas, fit Zakhar en ouvrant la porte.

Albert cessa de crier. « C'est manqué ? On voulait me détruire. Pas question ! » marmonnait-il entre les dents en chaussant ses caoutchoucs. Sans dire adieu et tout en continuant à bredouiller des paroles incompréhensibles, il franchit le seuil. Zakhar l'éclaira jusqu'au portail et revint.

— Dieu soit loué, Dmitri Ivanovitch ! Autrement, ça aurait pu mal tourner, dit-il à son maître. — Maintenant, il faut vérifier l'argenterie.

Délessov hocha la tête et ne répondit rien. À présent, il revoyait vivement les deux premiers soirs en compagnie du musicien, les tristes journées que par sa faute Albert avait passées chez lui, et surtout, il se souvint de ce doux sentiment mêlé d'étonnement, d'amour et de compassion que cet homme étrange avait éveillé en lui au premier regard, et il fut pris de pitié pour lui… « Qu'est-ce qu'il va bien pouvoir devenir à présent ? pensa-t-il. — Sans argent, sans vêtements chauds, seul dans la nuit… » Il était sur le point d'envoyer Zakhar pour le rattraper, mais il était trop tard.

— Il fait froid dehors ? demanda-t-il.

— Ça gèle dur, Dmitri Ivanovitch. Ça me fait penser que j'avais oublié de vous prévenir qu'il faudrait racheter du bois avant le printemps.

— Tu ne m'avais pas dit qu'il en resterait ?

VII

En effet, il faisait froid dehors, mais Albert ne sentait pas le froid, tant il était échauffé par l'alcool qu'il avait bu et par la dispute.

Une fois dans la rue, il regarda autour de lui et se frotta joyeusement les mains. La rue était vide, mais une longue rangée de lanternes brillait encore de ses flammes rouges, et le ciel était clair et étoilé. « Eh bien ? » fit-il en se tournant vers la fenêtre éclairée de l'appartement de Délessov et, glissant les mains sous son manteau dans les poches de son pantalon, et se penchant en avant,

Albert tourna à droite dans la rue d'un pas pesant et mal assuré. Il sentait une lourdeur extrême dans les jambes et sur l'estomac, sa tête bourdonnait, une force invisible le faisait chanceler d'un côté sur l'autre, mais il continuait à avancer en direction de l'appartement d'Anna Ivanovna. Des pensées étranges et décousues couraient dans sa tête. Il se rappelait tantôt sa dernière dispute avec Zakhar, tantôt, Dieu sait pourquoi, la mer et sa première arrivée en bateau en Russie, tantôt la nuit de bien-être qu'il avait passée avec son ami dans la boutique qu'il était en train de longer ; tantôt un air connu commençait à chanter dans sa tête, et il se souvenait de l'objet de sa passion et de la terrible nuit qu'il avait passée au théâtre. Mais, malgré leur incohérence, tous ces souvenirs se présentaient avec tant d'éclat à son imagination que, fermant les yeux, il ne savait pas ce qui avait le plus de réalité, de ce qu'il était en train de faire ou de ce à quoi il pensait. Il ne se rendait pas compte et n'avait pas la sensation des mouvements que faisaient ses jambes, de la façon dont, en chancelant, il se heurtait aux murs, et dont il regardait autour de lui et passait d'une rue à l'autre. Il ne percevait et ne sentait que les images qui, se succédant et s'entremêlant, se présentaient à son imagination.

Tandis qu'il suivait la Malaïa Morskaïa[1], il trébucha et tomba. Reprenant conscience un instant, il vit devant lui un immense et superbe bâtiment, et continua sa route. Au ciel on ne voyait

1. *Malaïa Morskaïa* : rue de Saint-Pétersbourg.

ni étoiles, ni lueur, ni lune, il n'y avait pas non plus de lanternes, mais tous les objets se dessinaient distinctement. Dans les fenêtres de l'édifice qui s'élevait au bout de la rue, on apercevait des lumières, mais ces lumières vacillaient comme des reflets. Le bâtiment se dressait devant Albert, de plus en plus proche, de plus en plus distinct, mais les lumières disparurent aussitôt qu'Albert fut entré sous le large portail. À l'intérieur, il faisait sombre. Des pas solitaires résonnaient sous les voûtes et des ombres mystérieuses glissaient et s'enfuyaient à son approche. « Pourquoi suis-je venu ici ? » se dit Albert ; mais une force irrésistible le tirait en avant vers un renfoncement de l'immense salle... Il s'y dressait comme une éminence, autour de laquelle se tenaient en silence d'étranges petits hommes. « Qui est-ce donc qui va parler ? » demanda Albert. Personne ne répondit, mais un homme lui désigna l'éminence, où se tenait un homme grand et maigre aux cheveux taillés en brosse, vêtu d'une robe de chambre bigarrée. Albert reconnut aussitôt son ami Pétrov. « Comme c'est étrange qu'il soit ici ! » pensa-t-il. « Non, mes frères ! disait Pétrov en désignant quelqu'un. Vous n'avez pas compris un homme qui vit parmi vous ; vous ne l'avez pas compris ! Ce n'est pas un artiste mercenaire, ni un exécutant mécanique, ni un fou, ni un homme perdu. C'est un génie, un grand génie musical, que vous avez laissé mourir sans l'avoir remarqué ni apprécié. » Albert comprit sur-le-champ de qui parlait son ami ; mais, ne voulant pas le gêner, il baissa la tête par modestie.

« Comme un fétu de paille, il s'est consumé sous l'effet du feu sacré que tous, nous servons, continuait la voix, mais il a réalisé tout ce que Dieu avait mis en lui ; aussi doit-il être appelé un grand homme. Vous avez pu le mépriser, le tourmenter, l'humilier, continuait la voix, parlant de plus en plus fort, — alors qu'il a été, qu'il est et qu'il sera incommensurablement plus haut que vous tous. Il est heureux, il est bon. Il aime ou méprise tout le monde de la même façon, ce qui revient au même, mais il ne sert que ce qui en lui est un don du ciel. Il n'aime qu'une seule chose — la beauté, le seul bien au monde qui soit incontestable. Oui, c'est comme cela qu'il est ! Prosternez-vous devant lui, tous à genoux ! » cria-t-il d'une voix forte.

Mais une autre voix plus faible se fit entendre à l'autre extrémité de la salle. « Je ne veux pas me mettre à genoux devant lui, disait la voix, dans laquelle Albert reconnut aussitôt celle de Délessov. — En quoi est-il grand ? Et pourquoi devrions-nous nous incliner devant lui ? Est-ce qu'il s'est conduit de façon honnête et juste ? Est-ce qu'il a fait quelque chose pour la société ? Est-ce que nous ne l'avons pas vu emprunter de l'argent et ne pas le rendre, prendre le violon d'un de ses collègues de l'orchestre et le mettre en gage ? (“Mon Dieu ! Comment sait-il tout cela ?” se dit Albert, baissant encore davantage la tête.) Est-ce que nous ne l'avons pas vu flatter les pires nullités, les flatter pour de l'argent ? continuait Délessov. — Est-ce que nous ne savons pas comment il a été chassé du théâtre ? Comment Anna Ivanovna a voulu l'envoyer à la police ? » (« Mon

Dieu ! Tout cela est vrai, mais prends ma défense, murmura Albert, — toi seul, tu sais pourquoi j'ai fait cela. »)

« Arrêtez, vous n'avez pas honte ? retentit de nouveau la voix de Pétrov. — De quel droit l'accusez-vous ? Avez-vous vécu sa vie ? Est-ce que vous avez éprouvé ses extases ? ("C'est vrai, c'est vrai !" chuchotait Albert.) L'art est la plus haute manifestation de puissance dans l'homme. Il n'est donné qu'à de rares élus, et il élève ces élus à une hauteur qui vous fait tourner la tête et où il est difficile de rester sain d'esprit. Dans l'art, comme dans tout combat, il y a des héros qui ont tout donné à leur mission et qui périssent sans avoir atteint leur but. »

Pétrov se tut, et Albert leva la tête et s'écria : « C'est vrai ! C'est vrai ! » ; mais sa voix mourut sans proférer un son.

« Ça ne vous regarde pas, dit d'une voix sévère en se tournant vers lui le peintre Pétrov. — Oui, humiliez-le, méprisez-le, continuait-il, — mais de nous tous, il est le meilleur et le plus heureux ! »

Albert, qui avait écouté ces paroles l'âme remplie de béatitude, ne put se retenir, s'approcha de son ami et voulut l'embrasser.

« Décampe, je ne te connais pas, lui répondit Pétrov, passe ton chemin, sans ça tu n'arriveras jamais… »

— Dans quel état tu t'es mis ! Tu n'arriveras jamais, cria le vigile du carrefour.

Albert s'arrêta, rassembla ses forces et, s'efforçant de marcher droit, tourna dans la ruelle.

Il restait quelques pas à faire jusque chez

Anna Ivanovna. L'entrée de sa maison projetait sa lumière sur la neige de la cour, et des traîneaux et des calèches stationnaient près du portillon.

Saisissant la rampe de ses mains gelées, il monta rapidement l'escalier et sonna.

Le visage ensommeillé de la servante apparut à travers la porte entrebâillée et dirigea vers Albert un regard courroucé. « On n'entre pas ! cria-t-elle, j'ai ordre de ne pas vous recevoir », et elle referma en claquant la porte. Sur l'escalier, on entendait de la musique et des voix de femmes. Albert s'assit sur le plancher, appuya la tête contre le mur et ferma les yeux. Au même instant, des foules de visions désordonnées, mais apparentées entre elles, l'entourèrent avec une force redoublée, l'accueillirent dans leurs vagues et l'emportèrent au loin, dans la belle et libre contrée des rêves. « Oui, c'est le meilleur et le plus heureux ! » « Mais je vais retourner dans la salle, pensa Albert, Pétrov a encore beaucoup, beaucoup de choses à me dire. » Dans la salle, il n'y avait plus personne, et au lieu du peintre Pétrov, c'était Albert lui-même qui se tenait sur l'éminence et qui jouait sur son violon tout ce que disait auparavant la voix. Mais le violon était d'une construction étrange : il était tout entier en verre. Et il fallait le tenir entre ses deux bras et le presser lentement contre sa poitrine pour qu'il émît des sons. Les sons étaient tendres et ravissants, comme jamais Albert n'en avait entendu jusque-là. Plus il le serrait contre sa poitrine, plus il se sentait envahi d'un sentiment de joie et de douceur. Plus les sons étaient forts, plus les ombres se dispersaient rapidement et plus les murs de la salle s'éclairaient d'une lueur transparente. Mais il fallait jouer avec beaucoup de précaution pour ne pas écraser le violon. Albert jouait sur l'instrument de verre avec beaucoup de soin et beaucoup d'art. Il jouait des choses que personne, il le sentait, n'entendrait plus jamais. Il commençait déjà à se sentir fatigué, lorsqu'un autre bruit lointain vint le distraire. C'était le son d'une cloche, mais ce son prononçait le mot « oui » ; c'était la cloche qui parlait, dans un grondement lointain et aigu : « Il vous paraît pitoyable, vous le méprisez, alors qu'il est le meilleur et le plus heureux ! Jamais personne ne jouera plus de cet instrument. »

Ces mots qu'il connaissait lui parurent soudain si intelligents, si nouveaux et si justes qu'il cessa de jouer et, s'efforçant de ne pas bouger, leva au ciel les bras et les yeux. Il se sentait beau et heureux. Bien que la salle fût vide, Albert bomba le torse et, levant fièrement la tête, se tint sur l'éminence de telle façon que tout le monde pût le voir. Soudain une main effleura son épaule ; il se retourna et, dans la pénombre, aperçut une femme. Elle le regardait tristement et faisait non de la tête. Il comprit aussitôt que ce qu'il faisait était mal, et il en eut honte. « Où donc faut-il aller ? » lui demanda-t-il. Elle le fixa une fois encore d'un long regard et pencha tristement la tête. C'était bien elle, celle qu'il aimait, son vêtement était le même, sur son beau cou blanc, il y avait un fin collier de perles, et ses bras ravissants étaient nus jusqu'au-dessus du coude. Elle le prit par la main pour le conduire hors de la salle. « La sortie est de l'autre côté », dit Albert ; mais elle, sans répondre, lui sourit et le fit sortir de la salle.

Sur le seuil, Albert aperçut la lune et de l'eau. Mais l'eau n'était pas en bas, comme d'habitude, et la lune n'était pas en haut, cercle blanc fixé à un endroit précis, comme d'habitude. La lune et l'eau étaient ensemble et partout — et en haut, et en bas, et sur le côté, et tout autour d'eux. Albert se jeta avec elle dans la lune et dans l'eau et comprit qu'il pouvait maintenant étreindre celle qu'il aimait plus que tout au monde ; il l'étreignit et ressentit un bonheur insupportable. « Est-ce que je ne rêverais pas ? » se demanda-t-il. Mais non, c'était la réalité, c'était plus que la réalité : c'était la réalité et le souvenir tout ensemble. Il sentait que ce bonheur inexprimable dont il jouissait à l'instant même était passé et ne reviendrait plus jamais. « Qu'est-ce qui me fait donc pleurer ? » lui demanda-t-il. Elle le regarda tristement, sans prononcer une parole. Albert comprit ce qu'elle voulait dire par là. « Comment donc, puisque je suis en vie », prononça-t-il. Elle, sans répondre, restait immobile et regardait en avant. « C'est affreux ! Comment lui faire comprendre que je suis en vie », se dit-il avec effroi. « Mon Dieu ! Mais je suis en vie, comprenez-moi ! » murmurait-il.

« C'est le meilleur et le plus heureux », disait la voix. Mais quelque chose pesait de plus en plus fort sur Albert. Étaient-ce la lune et l'eau, ses étreintes ou les larmes, — il ne le savait pas, mais il sentait qu'il ne parviendrait pas à dire tout ce qu'il fallait, et que tout serait bientôt fini.

Deux invités qui sortaient de chez Anna

Ivanovna se heurtèrent à Albert, couché de tout son long sur le seuil. L'un d'eux revint et appela la maîtresse de maison.

— C'est criminel, savez-vous, dit-il, — vous auriez pu le faire mourir de froid.

— Ah, cet Albert, j'en ai jusque-là, répondit la maîtresse de maison. — Annouchka ! Couchez-le quelque part dans une chambre, fit-elle en s'adressant à la femme de chambre.

— Mais je suis vivant, pourquoi m'enterrer ? bredouillait Albert, pendant qu'on le portait sans connaissance dans l'appartement.

28 février 1858

COLLECTION FOLIO 2€

Dernières parutions

5299. Robert Charles Wilson — *YFL-500* suivi du *Mariage de la dryade*
5347. Honoré de Balzac — *Philosophie de la vie conjugale*
5348. Thomas De Quincey — *Le bras de la vengeance*
5349. Charles Dickens — *L'embranchement de Mugby*
5351. Marcus Malte — *Mon frère est parti ce matin...*
5352. Vladimir Nabokov — *Natacha* et autres nouvelles
5353. Arthur Conan Doyle — *Un scandale en Bohême* suivi de *Silver Blaze. Deux aventures de Sherlock Holmes*
5354. Jean Rouaud — *Préhistoires*
5355. Mario Soldati — *Le père des orphelins*
5356. Oscar Wilde — *Maximes* et autres textes
5415. Franz Bartelt — *Une sainte fille* et autres nouvelles
5416. Mikhaïl Boulgakov — *Morphine*
5417. Guillermo Cabrera Infante — *Coupable d'avoir dansé le cha-cha-cha*
5418. Collectif — *Jouons avec les mots. Jeux littéraires*
5419. Guy de Maupassant — *Contes au fil de l'eau*
5420. Thomas Hardy — *Les intrus de la Maison Haute* précédé d'un autre conte du Wessex
5421. Mohamed Kacimi — *La confession d'Abraham*
5422. Orhan Pamuk — *Mon père* et autres textes
5423. Jonathan Swift — *Modeste proposition* et autres textes
5424. Sylvain Tesson — *L'éternel retour*
5462. Lewis Carroll — *Misch-Masch* et autres textes de jeunesse
5463. Collectif — *Un voyage érotique. Invitations à l'amour dans la littérature du monde entier*
5465. William Faulkner — *Coucher de soleil* et autres Croquis de La Nouvelle-Orléans

5466. Jack Kerouac — *Sur les origines d'une génération* suivi de *Le dernier mot*
5467. Liu Xinwu — *La Cendrillon du canal* suivi de *Poisson à face humaine*
5468. Patrick Pécherot — *Petit éloge des coins de rue*
5469. George Sand — *La château de Pictordu*
5471. Martin Winckler — *Petit éloge des séries télé*
5523. E.M. Cioran — *Pensées étranglées* précédé du *Mauvais démiurge*
5524. Dōgen — *Corps et esprit. La Voie du zen*
5526. Jacques Ellul — « *Je suis sincère avec moi-même* » et autres lieux communs
5527. Liu An — *Du monde des hommes. De l'art de vivre parmi ses semblables*
5528. Sénèque — *De la providence* suivi de *Lettres à Lucilius (lettres 71 à 74)*
5529. Saâdi — *Le Jardin des Fruits. Histoires édifiantes et spirituelles*
5530. Tchouang-tseu — *Joie suprême* et autres textes
5531. Jacques De Voragine — *La Légende dorée. Vie et mort de saintes illustres*
5532. Grimm — *Hänsel et Gretel* et autres contes
5589. Saint Augustin — *L'Aventure de l'esprit et autres Confessions*
5590. Anonyme — *Le brahmane et le pot de farine. Contes édifiants du Pañcatantra*
5591. Simone Weil — *Pensées sans ordre concernant l'amour de Dieu* et autres textes
5592. Xun zi — *Traité sur le Ciel* et autres textes
5606. Collectif — *Un oui pour la vie ? Le mariage en littérature*
5607. Éric Fottorino — *Petit éloge du Tour de France*
5608. E. T. A. Hoffmann — *Ignace Denner*
5609. Frédéric Martinez — *Petit éloge des vacances*
5610. Sylvia Plath — *Dimanche chez les Minton* et autres nouvelles
5611. Lucien — *« Sur des aventures que je n'ai pas eues ». Histoire véritable*

5631. Boccace	*Le Décaméron. Première journée*
5632. Isaac Babel	*Une soirée chez l'impératrice* et autres récits
5633. Saul Bellow	*Un futur père* et autres nouvelles
5634. Belinda Cannone	*Petit éloge du désir*
5635. Collectif	*Faites vos jeux ! Les jeux en littérature*
5636. Collectif	*Jouons encore avec les mots. Nouveaux jeux littéraires*
5637. Denis Diderot	*Sur les femmes* et autres textes
5638. Elsa Marpeau	*Petit éloge des brunes*
5639. Edgar Allan Poe	*Le sphinx* et autres contes
5640. Virginia Woolf	*Le quatuor à cordes* et autres nouvelles
5714. Guillaume Apollinaire	*« Mon cher petit Lou ». Lettres à Lou*
5715. Jorge Luis Borges	*Le Sud* et autres fictions
5717. Chamfort	*Maximes* suivi de *Pensées morales*
5718. Ariane Charton	*Petit éloge de l'héroïsme*
5719. Collectif	*Le goût du zen. Recueil de propos et d'anecdotes*
5720. Collectif	*À vos marques ! Nouvelles sportives*
5721. Olympe de Gouges	*« Femme, réveille-toi ! » Déclaration des droits de la femme et de la citoyenne* et autres écrits
5722. Tristan Garcia	*Le saut de Malmö* et autres nouvelles
5723. Silvina Ocampo	*La musique de la pluie* et autres nouvelles
5758. Anonyme	*Fioretti*
5759. Gandhi	*En guise d'autobiographie*
5760. Leonardo Sciascia	*La tante d'Amérique*
5761. Prosper Mérimée	*La perle de Tolède* et autres nouvelles
5762. Amos Oz	*Chanter* et autres nouvelles
5794. James Joyce	*Un petit nuage* et autres nouvelles
5795. Blaise Cendrars	*L'Amiral*
5797. Ueda Akinari	*La maison dans les roseaux* et autres contes
5798. Alexandre Pouchkine	*Le coup de pistolet et autres récits de feu Ivan Pétrovitch Bielkine*
5818. Mohammed Aïssaoui	*Petit éloge des souvenirs*

5819. Ingrid Astier — *Petit éloge de la nuit*
5820. Denis Grozdanovitch — *Petit éloge du temps comme il va*
5821. Akira Mizubayashi — *Petit éloge de l'errance*
5835. F. Scott Fitzgerald — *Bernice se coiffe à la garçonne* précédé de *Le pirate de la côte*
5836. Baltasar Gracian — *L'Art de vivre avec élégance*
5837. Montesquieu — *Plaisirs et bonheur* et autres pensées
5838. Ihara Saikaku — *Histoire du tonnelier tombé amoureux*
5839. Tang Zhen — *Des moyens de la sagesse* et autres textes
5856. Collectif — *C'est la fête ! La littérature en fêtes*
5896. Collectif — *Transports amoureux. Nouvelles ferroviaires*
5897. Alain Damasio — *So phare away* et autres nouvelles
5898. Marc Dugain — *Les vitamines du soleil*
5899. Louis Charles Fougeret de Monbron — *Margot la ravaudeuse*
5900. Henry James — *Le fantôme locataire* précédé de *Histoire singulière de quelques vieux habits*
5901. François Poullain de La Barre — *De l'égalité des deux sexes*
5902. Junichirô Tanizaki — *Le pied de Fumiko,* précédé de *La complainte de la sirène*
5903. Ferdinand von Schirach — *Le hérisson* et autres nouvelles
5904. Oscar Wilde — *Le millionnaire modèle* et autres contes
5905. Stefan Zweig — *Découverte inopinée d'un vrai métier* suivi de *La vieille dette*
5935. Chimamanda Ngozi Adichie — *Nous sommes tous des féministes* suivi des *Marieuses*
5973. Collectif — *Pourquoi l'eau de mer est salée* et autres contes de Corée
5974. Balzac — *Voyage de Paris à Java* suivi d'*Un drame au bord de la mer*
5975. Collectif — *Des mots et des lettres. Énigmes et jeux littéraires*
5976. Joseph Kessel — *Le paradis du Kilimandjaro* et autres reportages

5977. Jack London	*Une odyssée du Grand Nord* précédé du *Silence blanc*
5992. Pef	*Petit éloge de la lecture*
5994. Thierry Bourcy	*Petit éloge du petit déjeuner*
5995. Italo Calvino	*L'oncle aquatique* et autres récits cosmicomics
5996. Gérard de Nerval	*Le harem* suivi d'*Histoire du calife Hakem*
5997. Georges Simenon	*L'Étoile du Nord* et autres enquêtes de Maigret
5998. William Styron	*Marriott le marine*
5999. Anton Tchékhov	*Les groseilliers* et autres nouvelles
6001. P'ou Song-ling	*La femme à la veste verte. Contes extraordinaires du Pavillon du Loisir*
6002. H. G. Wells	*Le cambriolage d'Hammerpond Park* et autres nouvelles extravagantes
6042. Collectif	*Joyeux Noël ! Histoires à lire au pied du sapin*
6083. Anonyme	*Saga de Hávardr de l'Ísafjördr. Saga islandaise*
6084. René Barjavel	*Les enfants de l'ombre* et autres nouvelles
6085. Tonino Benacquista	*L'aboyeur* précédé de *L'origine des fonds*
6086. Karen Blixen	*Histoire du petit mousse* et autres contes d'hiver
6087. Truman Capote	*La guitare de diamants* et autres nouvelles
6088. Collectif	*L'art d'aimer. Les plus belles nuits d'amour de la littérature*
6089. Jean-Philippe Jaworski	*Comment Blandin fut perdu* précédé de *Montefellóne. Deux récits du Vieux Royaume*
6090. D.A.F. de Sade	*L'Heureuse Feinte* et autres contes étranges
6091. Voltaire	*Le taureau blanc* et autres contes
6111. Mary Wollstonecraft	*Défense des droits des femmes*

Composition Nord Compo
Impression Novoprint
à Barcelone, le 22 août 2016
Dépôt légal : août 2016

ISBN 978-2-07-079364-8./Imprimé en Espagne.

304619